法藏知津

七 編

杜潔祥 主編

第 11 冊

河北佛教文化遺存及其旅遊資源的開發利用（下）

崔紅芬、文志勇 著

花木蘭文化事業有限公司

國家圖書館出版品預行編目資料

河北佛教文化遺存及其旅遊資源的開發利用（下）／崔紅
芬、文志勇 著 -- 初版 -- 新北市：花木蘭文化事業有限公司，
2021〔民 110〕
目 4+164 面；19×26 公分
（法藏知津七編 第 11 冊）
ISBN 978-986-518-271-7（精裝）
1. 佛教史 2. 文化遺址 3. 旅遊業管理 4. 河北省
618   109011146

ISBN-978-986-518-271-7

9 789865 182717

法藏知津七編
第十一冊   ISBN：978-986-518-271-7

河北佛教文化遺存及其旅遊資源的開發利用（下）

作　　者 崔紅芬、文志勇
主　　編 杜潔祥
副總編輯 楊嘉樂
編　　輯 許郁翎、張雅淋　美術編輯　陳逸婷
出　　版 花木蘭文化事業有限公司
發 行 人 高小娟
聯絡地址 235 新北市中和區中安街七二號十一三樓
　　　　 電話：02-2923-1455／傳真：02-2923-1452
網　　址 http://www.huamulan.tw 信箱 service@huamulans.com
印　　刷 普羅文化出版廣告事業
初　　版 2021 年 3 月
定　　價 七編 29 冊（精裝）新台幣 86,000 元

河北佛教文化遺存及其旅遊資源的開發利用(下)

崔紅芬、文志勇　著

目

次

上　冊

第四章　元明清漢藏佛教融合發展及河北佛教文化遺存

第一節　元代漢藏佛教的發展

元明清時期領土統一和南方經濟文化的發達，受諸多因素影響佛教發展並不平衡。元明清三個朝代皆以北京為首都，出現了以北京為中心的政治、經濟、文化的發展。河北作為京畿之地，漢傳和藏傳佛教文化都得到繼續發展，佛教發展也進一步民間化、世俗化。

一、元大都佛教發展

（一）元朝的建立與兩都的確立

十二世紀後期，成吉思汗統一了漠北的蒙古各部，勢力逐漸強盛，加緊對外擴張，南宋嘉定元年或二年（1208 或 1209）收服畏兀兒。經歷了 22 年蒙古與西夏戰爭，寶義元年（1227）西夏亡於蒙古，蒙古軍隊擁有河西走廊、今寧夏全境、陝西北部、青海部分地區。蒙古軍隊在滅西夏的同時，也開始了滅金的戰爭。成吉思汗親自指揮「野狐嶺」和「懷來之戰」，以消耗金軍的有生力量、掠奪財物、招降納叛、屠殺生靈，貞祐二年（1214）金宣宗逃往南京汴梁，史稱「貞祐南渡」。然後成吉思汗西征，由木華黎和其子孛魯經略中原繼續對金作戰，之後窩闊台和拖雷聯合南宋滅金，天興三年（1234）金亡。南宋景炎元年（1276）蒙古軍隊佔臨安，俘獲恭帝顯及謝、全兩太后，祥興二年（1279）南宋滅亡。

　　成吉思汗在滅西夏時病死，窩闊台繼承汗位，南宋淳祐二年（1242）窩闊台死，經過乃馬真稱制和定宗貴由的短暫統治，蒙古大權落到拖雷之子蒙哥手中。南宋淳祐十一年（1251）蒙哥即帝位後，派弟旭烈兀西征，派弟忽必烈南征雲南，南宋寶祐元年（1253）忽必烈滅大理，蒙古建立了疆域廣大的蒙古帝國。

　　蒙哥即位，令弟忽必烈開始經營漠南漢地軍國庶事，忽必烈任用僧人子聰等為其選址建立府邸。《元史·世祖本紀》載：「歲丙辰春三月，命僧子聰卜地於桓州東、灤水北，城開平府，經營宮室。」〔註1〕歲丙辰即1256，子聰在41歲時為忽必烈修建開平府。《元史·劉秉忠傳》記載：「劉秉忠，字仲晦，初名侃，因從釋氏，又名子聰，拜官後始更今名。其先瑞州人也，世仕遼，為官族。曾大父仕金，為邢州節度副使，因家焉，故自大父澤而下，遂為邢人……秉忠雖居左右，而猶不改舊服，時人稱之為聰書記。至元元年，翰林學士承旨王鶚奏言：『秉忠久侍藩邸，積有歲年，參帷幄之密謀，定社稷之大計，忠勤勞績，宜被褒崇。聖明御極，萬物惟新，而秉忠猶仍其野服散號，深所未安，宜正其衣冠，崇以顯秩。』帝覽奏，即日拜光祿大夫，位太保，參領中書省事。詔以翰林侍讀學士竇默之女妻之，賜第奉先坊，且以少府宮籍監戶給之。秉忠既受命，以天下為己任，事無鉅細，凡有關於國家大體者，知無不言，言無不聽，帝寵任愈隆。燕閑顧問，輒推薦人物可備器使者，凡所甄拔，後悉為名臣……秋八月，秉忠無疾端坐而卒，年五十九。帝聞驚悼，謂群臣曰：『秉忠事朕三十餘年，小心慎密，不避艱險，言無隱情，其陰陽術數之精，占事知來，若合符契，惟朕知之，他人莫得聞也。』出內府錢具棺斂，遣禮部侍郎趙秉溫護其喪還葬大都。十二年，贈太傅，封趙國公，諡文貞。成宗時，贈太師，諡文正。仁宗時，又進封常山王。」〔註2〕《元史·世祖本紀》也載：「（至元元年）八月，癸丑，命僧子聰同議樞密院事。詔子聰復其姓劉氏，易名秉忠，拜太保，參領中書省事。」〔註3〕

　　太祖十一年（1216）劉秉忠生在邢州，太宗十年（1238）出家為僧，至

〔註1〕（明）宋濂等撰：《元史》卷3《世祖本紀》（一），中華書局標點本本，1976年，第60頁。

〔註2〕（明）宋濂等撰：《元史》卷157《劉秉忠傳》，中華書局標點本本，1976年，第3687、3693、3694頁。

〔註3〕（明）宋濂等撰：《元史》卷5《世祖本紀》（二），北京：中華書局標點本，1976年，第99頁。

元元年（1264）還俗，為僧 20 多年，還俗後事忽必烈 30 多年。不論是作為臣僧，還是作為俗世大臣，他都受到忽必烈的重用，為股肱大臣，有太保的尊崇地位，隨忽必烈征戰，為其經略國家出謀劃策。在劉秉忠等崇佛大臣影響下，荒廢或損毀的佛教寺院和佛塔得到重新修葺，德高望重的高僧碩德得到重用，他們為元代佛教的發展起了積極作用。

蒙哥親征四川，蒙哥九年（1259）蒙哥死回師途中。忽必烈得到消息，北上與阿里不哥爭奪汗位。中統元年（1260），忽必烈在開平府稱帝，為元開國皇帝元世祖。開平府是蒙哥五年（1256）忽必烈命劉秉忠在此地選址建城，蒙哥八年（1259）城郭建成，初名開平府。至元元年（1264），世祖始建大都（今北京），詔開平府上升上都，以取代漠北和林，改燕京為中都，後又稱大都，確立了兩都巡幸制度。

（二）藏傳佛教的發展

元朝版圖遼闊，統治者對不同宗教都能包容和發展，漢傳佛教、藏傳佛教、道教、也里可溫教和原始宗教在元朝都有一定的發展。藏傳佛教在西夏藏傳佛教發展的基礎上進一步興盛，遍及不同地區，「元興，崇尚釋氏，而帝師之盛，尤不可與古昔同語」。〔註4〕

1、蒙古佔領河西

元代海上絲綢之路和北方草原之路的興盛，河西走廊西端的敦煌僅成為河西通道的一個重要補給站，地位遠不如漢唐時期。安史之亂後，藏族佔領河西走廊長達七、八十年的時間，藏傳佛教在河西得到長足發展，藏傳佛教的特徵在河西地區得以延續。朗達瑪（838～842 在位）滅佛，藏地戰亂分裂，而河西地區受到滅佛影響較少，藏傳佛教繼續發展。但唐大中二年（848）張議潮乘吐蕃內亂之機，領導當地人民起義，推翻了吐蕃在瓜沙等地的統治，建立了歸義軍政權，標誌著吐蕃在河西統治的結束。咸通二年（861）張議潮收復涼州，唐復設涼州節度使，令張議潮兼領，吐蕃逼對河西的統治雖然結束，仍有大量藏族人生活在河西地區。及至五代時期，河西地區有先後出現涼州吐蕃政權、甘州回鶻政權和瓜沙歸義軍政權，直到黨項人元昊在宋景祐三年（1036）統一河西走廊，河西地區為西夏統轄。西夏時期漢傳和藏傳佛

〔註 4〕（明）宋濂等撰：《元史》卷 202《釋老傳》，北京：中華書局標點本，1976年，第 4517 頁。

教都得到支持發展，出現帝師制度，現保存豐富的文獻資料。南宋寶慶三年夏寶義二年（1227）蒙古軍隊滅亡西夏。蒙古統治者扶持佛教，對河西洞窟繼續營建，敦煌莫高窟的開窟造像還能斷斷續續的維持，已是接近尾聲，尤其莫高窟北區出土 50 多件蒙古文文獻，除了世俗文獻外，還有《入菩薩行論》《般若波羅蜜多心經》《因明入正理論》《佛頂尊勝陀羅尼經》等，用回鶻蒙古文和八思巴蒙古文兩種，時間從忽必烈到北元時期。敦煌莫高窟北區和榆林窟也保存元代開鑿洞窟，塑像和壁畫多具有藏傳佛教的特色，如著名的莫高窟北區第 464 窟等。

2、涼州會談與藏傳佛教傳入大都

窩闊台執政時期，任命闊端鎮守涼州，為了解決西藏問題，準備派兵進攻西藏，西藏各教派的領袖看到此形勢，為了避免戰爭，西藏各教派推舉薩迦班智達來漢地與蒙古談判。南宋淳祐四年（1244）薩迦班智達攜帶兩個侄子八思巴和恰那多吉離開薩迦寺前往涼州，經歷諸多艱辛，在淳祐六年（1246）抵達涼州，第二年與闊端在涼州進行會談，解決西藏的歸屬問題，這就是著名的涼州會談。通過涼州會談，雙方簽訂《薩迦班智達致蕃人書》，和平解決西藏問題，西藏正式歸附中央政權。元對西藏實行有效的管理，元代的十餘位帝師皆出自薩迦派。隨著八思巴和恰那多吉來至大都，藏傳佛教傳入大都，並得到很好的發展。

阿尼哥（1244～1306）元朝工藝家，今尼泊爾王國人。出身王族。擅長繪畫、塑像、鑄造工藝及建築，構思精巧。中統元年（1260），元世祖忽必烈令國師八思巴在藏地造金塔，徵工匠於尼泊爾。阿尼哥應募領隊到吐蕃，時 17 歲。次年，塔成。八思巴勸他削髮出家，收為弟子，攜至大都，入覲世祖。世祖命阿尼哥修葺針灸銅人像，像成，工匠皆歎服，因此受到重用，負責辦理重要工程事項。至元十年（1273），設諸色人匠總管府，阿尼哥任總管，統管十八個四品以下司局。十五年（1278），詔還俗，令領將作院事，厚加賞賜。阿尼哥先後領建大寺廟九座、塔三座、祠二座、道宮一座；大都、上都各大寺、祠、觀塑像多出其手；至元十六年（1279）大都聖壽萬安寺（今北京白塔寺、妙應寺）、白塔和所塑千手千眼菩薩、所鑄五方如來，白塔仿自尼泊爾塔式。他精於造像術、泥塑和銅鑄，皆稱絕藝。元貞元年（1295）在五臺山建萬聖祐國寺、佛塔。阿尼哥還在大都護國寺造佛像、東花園寺鑄金身佛像、涿州護國寺塑大黑天象等，還為忽必烈和皇后織像、為真金太子和長妃的織

像等，阿尼哥所傳入的尼泊爾造像法，號梵式造像，稱「西天梵相」。據溫玉成先生介紹，1984年10月他在保定市參觀，見到《淶水金山寺修塔碑》（1300年立），功德主是尼泊爾的阿尼哥。可惜，不知此碑後來存放何處。

由於八思巴、阿尼哥等人的弘法和統治者的支持，元代藏傳佛教在漢地逐漸興盛，蒙古統治者依藏族帝師灌頂，元代繼西夏之後繼續實行帝師制度，元代設立宣政院管理佛教事務和藏地事務等，任命薩迦派僧人擔任帝師，負責具體事務，八思巴為元代第一代帝師。元代統治者與薩迦派的關係密切，其他的十三任帝師皆出自薩迦派。

元大都與五臺山關係密切，彼此間交流頻繁，這也促進山西五臺山藏傳佛教的發展，多位皇帝在五臺山新建寺院，多次前往五臺山禮佛供僧，廣作佛事，並制訂扶植五臺山佛教發展政策，漢傳佛教和藏傳佛教在五臺山都得到很好的發展，尤其藏傳佛教的薩迦派得到廣泛傳播，至今五臺山依然是藏傳佛教發展的一個中心。有元一代北方大都、南方杭州和藏地等仍為元代佛教最為興盛的地區。

二、佛道辯論與各宗派發展

自忽必烈開始，藏傳佛教備受尊崇。但是因元統治者寬鬆的宗教政策，漢傳佛教並沒有因此受到排擠、壓制，「其地位遠遠高於兩宋時期」。〔註5〕統治者還多次頒旨下令蠲免寺院田產諸稅，大規模賜田賞鈔。佛教寺院也得到大肆興建，據不完全統計，至元二十八年（1291）統計，全國有寺院二萬四千餘所，僧尼二十一萬餘人，這足以佛教不同宗派在元代發展興盛的局面。

在蒙哥和忽必烈時期佛道因利益產生很大矛盾，道教大肆侵奪佛教寺院。為了解決佛、道兩家的矛盾和爭端，蒙古統治者先後在憲宗五年（1255）和八年（1258）進行兩次佛道辯論，自至元十七（1280）或十八年（1281）開始佛道雙方又進行第三次辯論。第一次由蒙哥親自主持，第二次和第三次由忽必烈主持。最終佛教在論戰中取得勝利，佛教的勢力壯大。

元代佛教內部也發生了禪教之間的一場辯論。《佛祖統紀》記載：「二十五年正月十九日，江淮釋教都總統楊璉真佳，集江南教、禪、律、三宗諸山，至燕京問法。禪宗舉『雲門公案』，上不悅。雲夢澤法師說法稱旨，命講僧披紅袈裟右邊立者，於是賜齋香殿，授紅金襴法衣，錫以『佛慧玄辯大師』之

〔註5〕任宜敏：《中國佛教史·元代》，北京：人民出版社，2005年，第6頁。

號，使教冠於禪之上者自此。」〔註6〕雲夢澤法師即是雲夢允澤，演福寺住持，他不僅與楊璉真伽一起發掘南宋皇陵，而且還被楊璉真伽召來參與了至元二十五年（1288）禪教廷辯，《佛祖統紀》所載以雲夢澤為首的教派辯論獲勝，被賜「佛慧玄辯大師」號，自至元二十五年（1288）以後，教派居於禪宗之上。

　　元代臨濟宗、曹洞宗和雲門宗在北方繼續弘傳和發展，與遼金時期禪宗的發展有著密切關係。元代雲山禪師，又稱雲山慧從，是元朝著名高僧，與紅螺山大明寺、大聖安寺等有著密切關係。《紅螺山大明寺碑》〔註7〕、《勸請萬空廣公長老疏》和《真定府在城十方萬壽禪寺莊產碑》等對雲山禪師都有一定的記載，內容詳略不一，以樊從義撰文的《紅螺山大明寺碑》所載最為詳細。雲山禪師住持大聖安寺，大聖安寺自金開始即是京城一處重要的皇家寺院，其地位非常特殊和尊貴。《順天府志·寺》有載：「大聖安寺在舊城，按寺記：金天會中，佛覺天師瓊公、晦堂大師俊公，自南應化而北，道譽日尊，學徒萬指，帝後出金錢數萬為營繕費，成大法席。皇統初，賜名大延聖寺。大定三年，命晦師主其事，內府出重幣以賜焉。六年，新堂成，崇五仞，廣十筵，輪奐之美為郡城冠。八月朔，作大佛事以落成之。七年二月，詔改寺之額為大聖安，即延洪閣所也。」〔註8〕自雲山禪師弘法以來，先後六次住持大聖安寺，弘法40餘年，弟子眾多，雲山禪師弘法精力主要集中在大聖安寺。

　　雲山禪師前後兩次修葺大明寺，大明寺，又稱護國資福禪寺，現稱紅螺寺，因位於紅螺山而稱名。大明寺始建於東晉南北朝的後趙時期，到唐貞觀年間（627～649）寺院已基本無存，唐太宗時期，在原址上重建。金皇統元年（1141）重修寺院。元時殿宇破壞嚴重，再次重修。據《紅螺山大明寺碑》記載，大明寺在元代曾兩次進行修葺，第一次是雲山禪師應太皇太后之旨修

〔註6〕（宋）志磐撰：《佛祖統紀》卷48，《大正藏》第49冊，第2035號，第435頁上欄04。

〔註7〕《紅螺山大明寺碑》原本已佚，清道光十五年曾進行補刻，清吳景果等修《懷柔縣新志》卷之五（據民國二十四年鉛字重印影印）（成文出版社印行，1968年，第211～217頁）有全文收錄，本文所引碑文內容出自《懷柔縣新志》。另同治版《畿輔通志》卷179收錄，現又收錄在《全元文》第59冊之中，在《古剎紅螺寺》中也有錄文，內容詳略有所不同。

〔註8〕（清）繆荃孫輯：《順天府志》（全一冊）卷七「寺」，北京：北京大學出版出版，1983年，第6頁。

葺大明寺。第二次是雲山禪師歸隱紅螺山後，有感於寺院再度荒蕪和損壞，自己出資或募捐籌措資金對大明寺進行修繕。

雲山慧從禪師為元朝名僧，生於元世祖時期，其弘法活動經歷元代多位皇帝。仁宗期，雲山禪師主大聖安寺，地位很高，參與朝政，弘揚雲門和臨濟宗派，僧俗弟子眾多。英宗時期，雲山禪師還應詔去上都水精殿，所譯佛法至要深得皇帝讚賞，賜予頗豐。元順帝至正五年（1345），雲山禪師還從事泥金寫經及校勘活動，得到僧俗各界的讚歎。至正十六年（1356）在雲山禪師第二次修葺大明寺之後，弟子為其立碑稱讚他修葺寺院的功德。碑文有「雲門一派源流長，禪業燁燁陽芬芳；司徒說法悅君王，銀章紫綬提宗綱。匡徒四十餘星霜，會中龍象何軒昂；暮年來此深退藏，仰視寺宇心慨慷。乃命其徒傾己囊，重修寶殿新棟樑；佛菩薩像金碧裝，燦然林石增輝光。微風夜聽金琅璫，諸天衛法藤蘿旁；惟師趺坐石為床，衛花幽鳥俱相忘。師將隱德德彌彰，我因頌德歌詞章，刻之翠琰傳無疆」的美譽。雲山慧從禪師在大都弘傳雲門、臨濟禪法，為元代佛教和禪宗的發展做出了積極貢獻。

《紅螺大明寺碑文》所載股肱之臣劉秉忠外，在紅螺寺普同堂還發現有臨濟正宗第三十七世松泉石公和尚靈骨塔、第三十八世盛茂林公老和尚靈骨塔、第三十九世昆泉興公和尚靈骨塔，說明臨濟宗在紅螺大明寺也有一定傳承和發展。

劉曉先生的《金元北方雲門宗初探──以大聖安寺為中心》對北方雲門宗有一定考證，認為，雲門宗在南宋盛極一時，金朝統治下的中國北方地區，雲門宗得到繼續發展，並形成以中都大聖安寺為核心的叢林集團，大聖安寺住持圓通廣善被金朝皇帝尊崇為國師，入元以後，元世祖崇教抑禪的政策使禪宗受到一定打擊。但至遲到武、仁時代，禪宗有開始復興，大聖安寺住持雲山慧從被仁宗封為榮祿大夫、大司空，領雲門宗事，與當時的臨濟宗、曹洞宗呈三足鼎立之勢，一直持續到元末。〔註9〕

此外，北方金代遺僧雪庭福裕、萬松行秀（1166～1246）和政治家耶律楚材（1190～1244）等弘傳曹洞宗，海雲印簡（1202～1257）、劉秉忠（1216～1274）等弘傳臨濟法脈。南方有雲峰妙高、雪岩祖欽、高峰原妙、中峰明本、元叟行端等著名臨濟宗匠在杭州等地弘傳臨濟禪法。元代的華嚴僧人有

〔註9〕劉曉：《金元北方雲門宗初探──以大聖安寺為中心》，《歷史研究》2010年6期。

金代遺僧善柔、行育、仲華文才等。徹悟大師等弘傳淨土等思想。邢東風先生在《北京地區淨土信仰史蹟小考——以徹悟大師住持過的寺院為中心》文中主要考證徹悟大師住持過的寺院和對淨土思想的弘傳。〔註10〕

由於元統治者的推崇和採取各宗派平等的發展政策，漢傳佛教的不同宗派、藏傳佛教都得到很大發展，元代勘校了不同文字《大藏經》，編訂整合佛教目錄《至元法寶勘同總錄》（10卷），元代將全國的佛教推向了一個新高潮。

三、元江南佛教的南北融通

（一）各類藏經刊印

楊璉真伽、管主巴等在江南恢復佛教寺院和刊印西夏文、漢文和藏文佛經對推動江南佛教的發展有積極作用。楊璉真伽是元朝忽必烈朝顯赫一時的僧人，受到忽必烈皇帝和權臣桑哥的重用，在江淮諸路任職長達十餘年的時間，執掌佛教信仰興盛的江淮地區的佛教事務。楊璉真伽任職期間積極執行朝廷的宗教政策，積極推動佛教事業的發展。

元統治者曾在杭州設立行宣政院和江淮諸路釋教總統所，楊璉真伽為江淮諸路釋教都總統，有永福大師之號。楊璉真伽在江淮任職期間，先後負責雕印河西字《大藏經》和《普寧藏》，新建或復建寺院和佛塔，組織江南禪教僧人參加廷辯，為飛來峰漢藏佛教造像的最大功德主之一。飛來峰現存元代造像68龕，117尊，其中藏傳佛教造像有33龕，47尊，開鑿時間在至元十九年（1282）至至元二十九年（1292）之間，正是楊璉真伽執掌江南佛教時期，他將藏傳佛教和藏傳佛教藝術傳入江南地區。楊璉真伽的佛事活動不僅為藏傳佛教在江南的傳播和佛典的流行起來積極作用，而且促進和推動了不同民族佛教文化的相互吸收與融合。

楊璉真伽，河西的唐兀兒，在任江淮諸路釋教總攝或都總統期間參與支持河西字大藏經的雕印，河西字大藏經即西夏字大藏經，1227年蒙古軍隊滅西夏，稱西夏故地為河西，故河西字即西夏字。

元刊河西字大藏經實際的負責人是另一位僧人管主八，他先任松江府僧

〔註10〕邢東風：《北京地區淨土信仰史蹟小考——以徹悟大師住持過的寺院為中心》，2016年1月香港中文大學舉辦人間淨土與彌陀淨土國際學術研討會，第178～189頁。

錄，有「廣福大師」之號，大德十年（1306）左右調任平江路磧砂延聖寺大
藏經局負責刊印藏經。

　　影印本「何」字函《聖妙吉祥真實名經》卷末題記（按照經題結尾處格
式錄文，並添加標點符號）記載了管主八負責刊印佛經事業：

> 上師三寶加持之德
>
> 皇帝太子福蔭之恩，管主八累年發心，印施漢本、河西字大藏經八
> 十餘藏，《華嚴》諸經懺、佛圖等、西蕃字三十餘件經文外，近見平
> 江路磧砂延聖寺大藏經板未完，施中統鈔貳佰錠及募緣雕刊，未及
> 一年，已滿千有餘卷。再發心，於大都弘法寺，取秘密經律論數百
> 餘卷，施財三百定，仍募緣於杭州路，刊雕完備，續補天下藏經，
> 悉令圓滿。新刊《大華嚴經》板八十一卷，印施人天。迴向西方導
> 師阿彌陀佛，觀音、勢至、海眾菩薩。祝延
>
> 皇帝萬歲，太子、諸王福壽千春，佛日增輝，法輪常轉者。
>
> 大德十一年六月十五日宣授松江府僧錄廣福大師管主八謹題。
>
> 〔註11〕

由此可見，管主八連續多年負責雕刊漢本、河西字大藏經八十餘藏、《華嚴》
諸經懺、佛圖等以及西蕃字三十餘件經文。它們的刊印時間應在大德十一年
（1307）以前。管主八施資募緣續雕磧砂藏經板，未及一年，已滿千有餘卷。
管主八還發心願和施捨財物，從大都弘法寺請取秘密經律論數百餘卷，仍募
緣於杭州路，刊雕完備，以續補天下藏經。總之，管主八新刊《大華嚴經》
板八十一卷，還刊印秘密藏和《大華嚴經》板的時間應該在大德十一年
（1307）。窟藏經典主要依據《至元法寶勘同總錄》。

　　元代南北統一，不僅促進不同地區文化信仰的交流，而且忽必烈下令於
至元二十二至二十四年（1285～1287）編訂《至元法寶勘同總錄》，南方僧人
瞭解到大都弘法寺存在一批罕見經典，管主八發心取秘密藏，據考「武」字
至「遵」字函（第559～586號）的28函即是秘密經本，於杭州路重新刊板
以補天下藏經，為皇帝祈福，使佛法永存。

　　管主八除了刊刻河西字大藏經外，他還刊刻了漢文本大藏經、西蕃字藏
經以及《華嚴》諸經懺儀、《華嚴經》和續補《磧砂藏》等，為元代不同版本、

〔註11〕　（西夏）釋智譯：《聖妙吉祥真實名經》,《影印宋磧砂藏經》第585冊，上海：
　　　　　上海影印宋版藏經會印行，1943年，第74頁。

不同文字佛經的流行創造了條件，這也充分反映了元代文化多樣性。管主八在刊印藏經的同時，還將一些中土撰述補刻收入藏經之中。

元初大德元年（1297）延聖院重新恢復了刊經事業，大德三年（1299）由延聖院升格為寺，故刊經局也隨之改為平江路磧砂延聖寺大藏經局。形成了分工嚴謹，由對經、點樣、管經局、提調、掌局、功德主等一班人員組成，另有其他寺院的僧人共同參加。大德十年（1306）管主八由松江府僧錄出任大藏經局的負責人，主要負責刊印元版《磧砂藏》。不到一年時間已雕刻《磧砂藏》千餘卷經板，速度之快，令人讚嘆。《磧砂藏》「氣」字函《阿毗達磨集異門足論》卷十五、卷十八末都有刊記有「時大元大德十年歲次丙午七月十五日主緣刊大藏經僧錄管主八謹題」。

《磧砂藏》的刊刻始於南宋，又稱《延聖院本大藏經》，因最初刊板於南宋平江府磧砂延聖院而得名。因南宋滅亡沒有刊刻完成，元成宗大德三年（1299）在平江路磧砂延聖寺重新續刊刻《磧砂藏》，由住持清圭等負責，大德十年（1306）由管主巴負責，至元英宗至治二年（1322）徹底刊畢。元刊《磧砂藏》與南宋版《磧砂藏》在刊版規格上也有很大不同，元刊《磧砂藏》時，《普寧藏》刊刻已經完成，元刊《磧砂藏》刊版改依《普寧藏》雕板。

《普寧藏》是杭州餘杭縣南山普寧寺刊印，普寧寺宋元時期白雲宗的重要寺院。《普寧藏》作為一部私刻版大藏經，是由時任浙西道杭州等路白雲宗僧錄道安兩度奔走朝廷，蒙江淮諸路釋教都總攝準給文憑，並轉呈丹巴引觀，得到皇帝恩准，才開始雕印的。《普寧藏》臣字《大方廣佛華嚴經入不思議解脫境界普賢行願品》卷尾題記和《湖州妙嚴寺記》載：

> ……又蒙江淮諸路釋教都總攝所護念，准給文憑，及轉呈簪八上師引觀。皇帝頒降聖旨，護持宗門作成勝事。……以此鴻因，端為祝延皇帝聖壽萬安，皇后同年，太子、諸王千秋，文武官僚升遷祿位，仍贊大元帝師、大元國師、簪八上師、江淮諸路釋教都總攝扶宗弘教大師、江淮諸路釋教都總統永福大師，大闡宗乘，同增福算。更冀時和歲稔，物阜民康，四恩三有盡沾恩，一切有情登彼岸。宣授浙西道杭州等路白雲宗僧錄南山普寧寺住持傳三乘教九世孫慧照大師沙門道安謹願。時至元十六年己卯十二月吉日拜書。〔註12〕

〔註12〕李富華、何梅著：《漢文佛教大藏經研究》，北京：宗教文化出版社，2003年，第318頁。

日本《增上寺三大藏經目錄・元版（刊記）》第193號《普賢行願品》尾題內
容有：

> 宣授江淮諸路釋教都總攝弘教大師加瓦八觀緣
> 宣授江淮諸路釋教都總攝扶宗弘教大師行吉祥都勸緣
> 宣授江淮諸路釋教都總統永福大師楊璉真加都勸緣
> 　宣授白雲宗僧錄南山大普寧寺住持三乘教事宜世
> 　孫沙門如志謹識　時至元二十七年庚寅十月圓日頓
> 　首拜書〔註13〕

元代僧人總統永福大師楊璉真伽、扶宗弘教大師行育等北方來的僧人都參與
《普寧藏》等雕刊工作。

　　元代東南佛教的發展與楊璉真伽、管主巴等積極弘法有著密切關係，諸
位高僧的活動促進了藏傳佛教在江南的傳播。

（二）江南寺院修建

　　自至元二十二（1285）春至二十四（1287）春，總共三年時間，楊璉真
伽在江南地區恢復佛教寺院30多所，充分體現了楊璉真伽在江南弘法的成就。
楊璉真伽不僅是將南宋道觀改為寺院，而且還在南宋宮殿廢墟基礎上新建寺
院五座和佛塔一處，尤其後者最為學界所關注。《元史》卷十三記載：「（至元
二十二年）春正月庚辰……桑哥言：楊輦真加云，會稽有泰寧寺，宋毀之以
建寧宗等攢宮，錢唐有龍華寺，宋毀之以為南郊，皆勝地也，宜復為寺，以
為皇上、東宮祈壽。時寧宗等攢宮已毀建寺，敕毀郊天台，亦建寺焉。」〔註
14〕《元史》卷十五還載：「至元二十五年二月丙寅，江淮總攝楊璉真加言：以
宋宮室為塔一，為寺五，已成，詔以水陸地百五十頃養之。」〔註15〕其中楊
璉真伽所建的佛塔即尊勝塔，又稱「白塔」或「鎮南塔」；五寺指五大寺，即
報國、興元、般若、仙林和尊勝。《西湖志纂》記載：「報國寺：在鳳山門外
過萬松坊南，元至元十三年，僧楊璉真伽請即宋故內建五寺，曰報國、曰興

〔註13〕 李富華、何梅著：《漢文佛教大藏經研究》，北京：宗教文化出版社，2003年，
　　　　第334頁。
〔註14〕 （明）宋濂等撰：《元史》卷13《世祖本紀》（十），北京：中華書局標點本，
　　　　1976年，第271～272頁。
〔註15〕 （明）宋濂等撰：《元史》卷15《世祖本紀》（十二），北京：中華書局標點本，
　　　　1976年，第309頁。

元、曰般若、曰仙林、曰尊勝。報國寺即垂拱殿，興元寺即芙蓉殿，般若寺即和寧門，仙林寺即延和殿，尊勝寺即福寧殿。延祐至正間諸寺遞毀。」〔註16〕元文人黃溍也提到：「（至元）二十一年，有旨即其故所居杭州鳳凰山之行宮，建大寺五，分宗以闡化。其傳菩提達摩之學者，賜號禪宗大報國寺，乘法力以暢皇威，宣天休以隆國勢也。」〔註17〕元朝不僅重視江南寺院的建設，而且給予大量田產作為供養，也彰顯了元代皇室的威嚴。

楊璉真伽在杭州地區大肆宣揚佛教，在荒廢的寺院遺址上繼續復建寺院，改變戰爭帶來的荒涼景象。繼續打擊道教勢力，將南宋的道觀改為佛教寺院，這也是元朝佛道論戰中道教論敗佛教取勝的具體表現。此外，楊璉真伽在南宋宮殿廢墟的遺址上修建五寺一塔，在寺院懸掛帝師畫像，說明藏傳佛教已傳入杭州一帶，並在此地產生一定影響，楊璉真伽的弘法活動也推進了江南地區不同宗教文化的融合。

元代，一些信仰藏傳佛教的僧人從北方來至杭州，修建寺院，參與刊印漢、藏、西夏文佛經，促進了與漢傳佛教的融合發展；也推動了南北佛教的融通。

第二節　明清佛教的發展

一、明清佛教政策

（一）明代佛教政策

明代承續元代，是傳統社會政治、經濟、文化發展極為成熟時期，也是傳統社會向近代社會逐漸發生變化的轉型期。及至明代建立，明派馮勝經略河西，在瓜、沙一帶擊敗蒙古守軍，並建立嘉峪關，敦煌失去了屏蔽河西和中西陸路交通中轉佔的地位，戰略地位再度下降。敦煌成為以游牧為主的蒙古族活動區域，在文化上雖沒有任何建樹，但蒙古民族信仰佛教，對莫高窟沒有什麼破壞。清朝建立，敦煌的地位再度下降，甚至還有一些壁畫和塑像也得到破壞。明清時期佛教發展呈現儒釋道、漢藏佛教進一步

〔註16〕沈雲龍主編：《西湖志纂》卷 6《南山勝蹟》（下），《中國名山勝蹟志》（第 2輯），臺北：文海出版社，1971 年，第 380 頁。
〔註17〕（元）黃溍撰：《金華先生文集》卷 11《鳳凰山禪宗大報國寺》，影印本。

融合和佛教世俗化的歷程。受到各種因素的影響,明清佛教也逐漸衰微了。明通往西方的陸路交通基本處於關閉狀態。由於海盜猖狂,明朝實行海禁,從海路通往外界的交通也被關閉,明代屬於一個封閉的朝代。明代的閉關政策也限制了佛教對外交往。

明朝佛教依然是漢傳和藏傳佛教融合發展的時期。明統治者對元代佛教發展也進行改革,積極推崇佛教,也對佛教進行整頓,採取比較嚴格的限制政策。明朝宦官專權,在社會政治、經濟和文化中發揮中重要作用,作為一個特殊的社會群體宦官普遍信仰佛教,積極修建和護持寺院,遺存的智化寺、碧雲寺、隆恩寺、潭柘寺和奴兒干的永寧寺等諸多寺院都與宦官有密切關係,宦官死後葬在寺院。宦官佛教在明朝也獨具特色,既有皇家背景也具有民間特色。晚明佛教禪淨融合,心學與禪宗融合,佛學研究逐漸蕭條,佛教世俗化和居士化傾向明顯,士大夫悅禪成為一種流行,提倡禪淨雙修,居士佛教得到很大程度的發展,由於居士知識背景不同和社會階層各異,居士信仰也表現出多樣化、複雜性和廣泛性的特徵。

明代的建立者朱元璋曾出家為僧,對佛教應該抱有一定的好感,他成為皇帝後,曾一度大力發展佛教,剃度僧尼,為以後各朝佛教的發展奠定了基礎。

朱元璋發展佛教的目的是教化大眾向善,便於社會安定和管理。他詔徵僧人在南京城舉辦各種大規模講經會和法會,並聽任敬奉三寶之人出家修善。「洪武十年(1377),詔天下沙門講《心經》《金剛》《楞伽三經》……不論頭陀人等,有道善人,但有願歸三寶,或受五戒十戒,持齋戒酒,習學經典,明心見性。僧俗善人許令齋持戒牒,隨身執照,不論山林、城郭、鄉落、村中,恁他結壇上座,拘集僧俗人等。日則講經說教,化度一方。」〔註18〕

洪武十三年(1380),朱元璋誅殺丞相胡惟庸,希望能以佛教教化大眾,認為世人良者愈多,頑惡者就會愈少。在「授建昌僧官論曰:天下大道惟善無上,其善無上者釋迦是也。固大慈忍,志立大悲願心,行無所不至,化無所不被,論性原情,談心妙理。潔六塵之無垢,淨六根之無翳,去諸魔而清法界,制外道以樂人天。斯行斯修而歷劫無量,乃降兜率至於梵宮。既捨金

〔註18〕 (明)幻輪編:《釋鑒稽古略續集》卷2,《大正藏》第49冊,第2038號,第928頁下欄19、929頁上欄05。

輪而猶苦行於雪嶺時，道成午夜，明心相符。朕觀如來以己之大覺，而欲盡覺諸法界眾生，其為慈也大，其為悲也深，可為無上者歟，世人宿有善根者皆慕佛力，寰中之修者甚廣。今建昌僧某，博修佛道，善馭僧民，其方士民，仰僧善道，感化人淳，既內附之誠理。」〔註19〕朱元璋統治時期，佛教得到尊崇，曾有「佛法之見尊奉此至，振古所未聞也」的記載。

明代在尊崇和倡導佛教的同時，也在積極完善佛教的管理，認為佛教流傳已久，應該傚仿歷代設官進行管理，限制僧尼和寺院的數量。洪武元年（1368）朱元璋曾設善世院，掌管天下的佛教事務。之後裁撤，佛教事務交由中書省和禮部管理。禮部設置各級僧道管理機構，嚴格主持選拔，建立度牒和僧籍制度，以有效管理僧眾。洪武十四年（1381）明傚仿宋制，設置僧道衙門以掌佛教事務，目的使僧人恪守戒律，以明教法。

明朝在京設置僧錄司，掌管天下僧，精選通經典、戒行端潔者銓之。其在外布政府州縣，各設僧綱僧正、僧會、道紀等，司衙門分掌其事。僧錄司掌天下僧教事，善世二員，正六品。左善世、右善世，闡教二員，從六品。左闡教、右闡教，講經二員，正八品。左講經、右講經，覺義二員，從八品等。各府設僧綱司，掌本府僧教事。各州僧正司，僧正一員，各掌本州島僧事。各縣設僧會司，僧會一員。明代各朝皇帝雖對佛教進行不同程度的尊崇保護和約束規範。明代把僧人分為禪、講、教，把寺院分為禪、教、律，而戒定慧是每個宗派都需要修習和遵守的，所以明代的僧人或寺院也就是禪、教兩類，實際上佛教的發展不可能門戶分明，而是諸宗諸派的融合發展，出現教與律的融合，教與禪的融合，禪與律的融合，甚至漢傳與藏傳的融合。

（二）清代佛教政策

早在元時藏傳佛教傳入遼寧一帶，由於涼州會談的簽訂以後，藏傳佛教在元代得到很好的傳播和發展，蒙哥即位後，任忽必烈總領漠南漢地軍國庶事，忽必烈從漠北和林南下駐帳金蓮川，建立著名的金蓮川慕府。忽必烈命劉秉忠選址建城，初名開平府。憲宗八年（1259）城郭建成。中統元年（1260），忽必烈為元開國皇帝元世祖。至元元年（1264），世祖始建大都（今北京），詔開平府上升上都（今內蒙古正藍旗東 20 公里處），以取代漠北和林，改燕

〔註19〕（明）幻輪編：《釋鑒稽古略續集》卷 2，《大正藏》第 49 冊，第 2038 號，第 930 頁中欄 17。

京為中都，至元九年（1272）稱大都，確立了兩都巡幸制度，上都為夏都，與元大都共同構成了元朝的兩大首都。忽必烈實行大都與上都的兩度巡幸制度以後，實際上把兩地的政治、經濟和文化有機聯繫在一起。因八思巴等諸位帝師和眾多藏族僧人的弘傳，元代東部諸王地區也接受藏傳佛教，以薩迦派和噶舉派為主。明末後金時期，隨著格魯派勢力的逐漸增強，格魯派傳入東北地區並得到一定程度的發展。努爾哈赤為了籠絡蒙古人對付明朝，曾邀請藏族僧人到赫圖阿拉，並建立藏傳佛教寺院。

皇太極時期為了打擊漠南蒙古林丹汗，與漠北蒙古建立較為密切關係，在盛京建立了實勝寺，藏傳佛教在清朝入關之前已得到一定的發展。滿族與藏族之間也建立了較為密切友好的關係。

皇太極始設立官署管理僧道事務，「初，天聰六年（1632），定各廟僧、道以僧錄司、道錄司綜之。凡諳經義、守清規者，給予度牒」，〔註20〕儘管設立官署，但清入關以前，僧人出家相對簡單，凡是精通經義，遵守佛教戒律給予頒發度牒。

崇德八年（1643），皇太極病逝，六歲的第九子福臨繼位，改元順治，是為清世祖。崇禎十七年，即順治元年（1644）清軍入關，以北京為首都。清入關後，基本延續明朝的一些政策，任用明朝的一些官員。清入關後繼續對於僧道進行管理和完善，「順治二年（1645），停度牒納銀例。……康熙十三年（1674），定僧錄司、道錄司員缺，及以次遞補法。十六年（1677），詔令僧錄司、道錄司稽察設教聚會，嚴定處分。」〔註21〕順治對於北京的原有寺院採取保護，對於新建寺院也作了規定，新建寺院需要經過禮部的批准，也不准私度僧尼，僧尼由官府頒發度牒。康熙時期傚仿明朝設立僧錄司和僧錄司僧官的選補方法，由禮部負責僧官的選拔，對於僧錄司僧官的官品給予規定，「僧錄司正印，副印，各一人，□品。左、右善世，正六品。闡教，從六品。講經，正八品。覺義，從八品，俱二人……分設各城僧、道協理各一人。僧官兼善世等銜，道官兼正一等銜，給予部劄。協理給予司劄」，〔註22〕對於

〔註20〕趙爾巽等撰：《清史稿》卷115《職官志》（二），北京：中華書局標點本，1977年，第3331頁。

〔註21〕趙爾巽等撰：《清史稿》卷115《職官志》（二），北京：中華書局標點本，1977年，第3331～3332頁。

〔註22〕趙爾巽等撰：《清史稿》卷115《職官志》（二），北京：中華書局標點本，1977年，第3331頁。

僧錄司的印章也給予詳細的規定，官印「僧錄司、道錄司，銅質直鈕，清、漢文垂露篆，方二寸二分，厚四分五釐」。〔註23〕清朝延續明代，由禮部負責僧官的選任，朝廷雖然重視佛教的發展，但僧官的品級並不高。清朝漢傳和藏傳佛教都有發展，對於藏傳佛教也有相應的管理措施，因俗而治，藏傳佛教寺院沿用藏族的傳統，寺院設堪布、鐵棒作為僧官，分別負責教習經典和僧人的戒律，對於藏族僧人犯罪，由鐵棒按照條規對罪僧進行處置，尤其嚴打妖言惑眾的行為和邪教，「並籍領史祝、醫巫、音樂、僧道，司其禁令，有妖妄者罪無赦」，〔註24〕以維護社會的安定。

二、明清藏傳佛教進一步發展

（一）明代藏傳佛教的發展

元時薩迦派和噶舉派與政府關係最為密切。明代為了加強對西藏的管理，分封元故臣及宗教領袖。明遣使西藏令酋長推舉故元的官員到京受職，使其為明統治者服務。洪武五年（1372），明太祖封帕竹噶舉章陽沙加監藏為「灌頂國師」。洪武六年（1373）初封帝師喃加巴藏卜為「熾盛佛寶國師」，洪武六年（1373），章陽沙加監藏遣使瑣南藏卜入貢，西藏與明中央政府政治上的從屬關係正式恢復。

明對藏地採取「廣封眾建」的政策，對藏傳佛教各派領袖都分別給以封號，並不專推崇某一較大勢力。明朝最高封號是法王、王、大國師、國師和法師或禪師。其中三大法王即大寶法王、大乘法王、大慈法王。明代噶舉派黑帽系活佛都被明朝封為「大寶法王」，地位高於大乘法王和大慈兩法王，成為當時藏傳佛教領袖人物中的最高封號。噶舉派與明代的關係最為密切，噶舉派也最受尊崇。明代宗喀巴在拉薩東建立甘丹寺，以甘丹寺為中心建立新教派——新噶當派。因僧人身穿黃衣頭戴黃帽，又稱黃教。宗喀巴鑒於藏傳佛教僧人的戒律鬆持而改革藏傳佛教，嚴格戒律，禁止僧娶妻生子，崇尚苦行，重視佛經研究，建立有系統、大規模的教學組織。宗喀巴死後，他的兩個弟子世世轉生，傳其衣缽，成為達賴系和班禪系。萬曆年間，達賴三世索

〔註23〕趙爾巽等撰：《清史稿》卷114《職官志》（一），北京：中華書局標點本，1977年，第3282頁。

〔註24〕趙爾巽等撰：《清史稿》卷114《職官志》（一），北京：中華書局標點本，1977年，第3280頁。

南嘉錯時黃教勢力大增，黃教傳入蒙古和青海地區。

明代藏傳佛教在藏地興盛，在五臺山一帶藏傳佛教也非常興盛，但一改元代薩迦派一家獨大的局面，出現多個宗派並弘的局面。由於諸多皇帝對藏傳佛教的護持，格魯派、噶舉派和薩迦派在五臺山都得以興盛發展。

（二）清朝藏傳佛教的發展

清軍初入關，在關內的統治基礎根基尚未穩固，根本沒有能力對西藏進行直接統治，清朝利用對其十分恭順的蒙古固始汗對西藏實行間接統治。清廷信奉黃教也與此有一定關係。到雍正五年（1727）清軍平定固始汗之孫羅布藏丹津的叛亂，正式設立駐藏大臣，完成重新統一西藏的事業，清代對於藏地實現有效管理，將西藏分為前藏達賴和後藏班禪宗政權。制定《西藏善後章程》對西藏官員權限、國防、外事權利、財政、金融等方面作了明確規定，標誌著清在西藏施政發展到最高階段。駐藏大臣監辦西藏事務，地位與達賴、班禪平等。達賴、班禪轉世靈童選定由駐藏大臣監督，為了維護藏地的安全和有效掌控藏地，清朝對於達賴和班禪的人選進行掌控。

清廷給予藏傳佛教的僧人領袖很高的待遇和封號，順治十年（1653）五世達賴返藏時，清朝冊封達賴喇嘛五世為「西天大善自在佛所領天下釋教普通瓦赤喇怛喇達賴喇嘛」，從此確立了歷代達賴喇嘛都必須經過清朝中央冊封的制度。康熙五十一年（1713）清朝又正式冊封班禪五世為「班禪額爾德尼」，藏地的宗教事務分別由達賴和班禪負責，此外，噶瑪噶舉（黑帽、紅帽）也派人與清進行交往，清朝也很重視，給以很多優待，在西藏確立了政教合一的制度。

清朝時期，蒙古分為漠南、漠北和漠西三部，漠南、漠北基本歸順朝廷，漠西的噶爾丹部是清朝最大的威脅，十七世紀初準噶爾強大，開始對外擴張，康熙二十七年（1688），噶爾丹攻打喀爾喀蒙古。喀爾喀正與沙俄作戰，腹背受敵，沙俄此時欲收服喀爾喀，但喀爾喀各部聽從活佛「哲布尊丹巴」的主張南下歸附清朝。清平定噶爾丹叛亂之後，康熙帝安排喀爾喀蒙古返回外蒙古原來牧地，把喀爾喀劃分為 55 個旗（乾隆增加到 84 旗），設札薩克（旗長）進行統治。清廷諸位皇帝為了穩定蒙古地區，推行黃教，在蒙古地區建立藏傳佛教寺院，支持佛教的發展。

三、僧人參與刻經活動

（一）明代僧人的刻經活動

朱棣成為皇帝，為了籠絡人心，利用僧人姚廣孝（1335～1418）等負責監修《永樂大典》《明太祖實錄》。姚廣孝14歲出家，度為僧，名道衍，精通佛法和陰陽術數之學，封榮國公。洪武（1368～1398）中，詔通儒書僧試禮部，不受官，賜僧服還。朱棣時，授道衍僧錄司左善世，永樂二年（1404）四月，拜資善大夫、太子少師，復其姓，賜名廣孝，負責監修《永樂大典》，這是明代官修書中規模最大的一部，也是我國古代最大的類書，它以韻統字，用字繫事，內容包括凡天文、地理、人倫、國統、道德、政治、制度、名物以至奇聞異見、瘦詞逸事等。他還撰有《佛法不可滅論》一卷、《道餘錄》一卷、《逃虛子集》十卷、《外集》一卷等。永樂十六年（1418）去世，洪熙元年（1425）姚廣孝從祀太廟。嘉靖九年（1530）撤廟祀，移祀大興隆寺，在皇城西北隅。後寺燬，復移崇國寺。

在明初幾十年的時間裏，先後組織人力和物力刊刻佛教三部《大藏經》即《初刻南藏》《再刻南藏》（也稱《永樂南藏》）《永樂北藏》。民國二十三年（1934）在成都鳳棲山發現一部保存完好的明代大藏經，後經呂澂先生等研究，認為是《初刻南藏》，是宋元《磧砂藏》的覆刻本，比《磧砂藏》有增加了些內容。現藏四川省圖書館保存。朱棣時期雕印《永樂南藏》是在他遷都北京之前完成的。《初刻南藏》在雕刻完成不久和收藏寺院一起被燒毀，在永樂十一年至十八年（1413～1420）由姚廣孝等人的負責，雕刻《永樂南藏》。《永樂南藏》刊竣之後，在嘉靖二十九（1550）和萬曆三十年（1602）以及清順治十八年（1661）對其進行續雕完善。《永樂南藏》是《初刻南藏》的再刻本，但在目錄的編輯方面有一定的改變，將唐《開元釋教錄》以後入藏的經典按類別排序，這一改變被後來的《永樂北藏》《嘉興藏》和《龍藏》等遵循。朱棣遷都北京後又雕刻的官刻第三部大藏經，永樂十七年（1419）開雕，到英宗正統五年（1440）完成。明代皇帝不僅雕印三部大藏經，他們還為諸多佛經作序，如永樂八年（1410）朱棣作《御製藏經贊》、永樂九年（1411）作《御製聖妙吉祥真實名經序並贊》《御製經牌贊》《御製金剛般若波羅蜜經序》《御製觀世音普門品經序》《御製大悲總持經咒序》《御製佛頂尊勝總持經咒序》《御製真實名經序》《御製大悲觀世音菩薩贊》《御製藏經跋尾》、永樂十年（1412）作《御製四部經序》《御製如來正宗大覺妙經序》、永樂十三年

（1415）作《御製喜金剛本續序》《御製般若論、中道論、對論、律論、比量論序》、永樂十四年（1416）作《御製水懺序》等，正統五年（1440）英宗作《御製大藏經序》《御製藏經牌》等。可見，明代皇帝對於佛教發展的支持和對於佛教的喜愛。

除了官刻大藏經外，萬曆年間（1573～1619）開始在浙江嘉興楞嚴寺雕刻一部私刻本《嘉興藏》，他是由民間僧俗和信眾捐資雕刻的，直到清康熙年間（1662～1722），這是一部方冊大藏經，分為正藏、續藏、又續藏三部分。最初決定在佛教聖地五臺山開始雕刻，因為五臺山的氣候和交通等諸多問題，四年之後，萬曆二十一年（1593）將雕刻地點遷至浙江餘杭徑山寺，直到崇禎（1628～1644）初年仍未完成，最後在清康熙時才徹底完成。《嘉興藏》刊刻完成後流行很廣，日本的《黃檗藏》就是依據流傳到日本的《嘉興藏》雕刻的。

不論是官刻大藏經還是私刻大藏經，從佛經的校勘、雕板和刊印等不同程序凝聚著諸多僧人和信眾的心血和精力，也傾注了他們的美好願望。

明初打擊白蓮教的發展，但明中期國庫空虛，財政緊張，鬻賣度牒嚴重，導致僧人隊伍急劇膨脹，度為僧人的目的不一，導致僧人的素質下降，佛學修養水平降低，佛教發展世俗化和民間化的傾向加強，最終逐漸衰微。明代末年出現四大高僧，即雲棲袾宏（1535～1615）、紫柏真可（1543～1603）、憨山德清（1546～1623）、藕益智旭（1599～1655），並形成了以晚明四大高僧為中心的龐大的居士和世俗佛教團體。明代晚期，佛教發展也是一個轉型期，儒釋道融合，提倡念佛往生淨土思想，漢藏融合和民間佛教共同發展時期。

（二）清代僧人弘法活動

清入關以來，漢族、藏族和蒙古族僧人積極校勘經典，從事雕刻和抄寫不同文字的大藏經活動。自兩漢佛教傳入中土以來，佛教經典也不斷傳入漢地，被翻譯成漢文，到唐代達到鼎盛，唐智昇編《開元釋教錄》（20卷）之總錄10卷，記載東漢到唐所譯佛經目錄和譯者傳記，末附著作目錄，共百七十六人。別錄10卷，以經為主，分記重譯單譯、刪略、補闕、疑惑、偽妄等錄情況，最後二卷為大、小乘入藏目錄。總計入藏經典一千零七十六部，五千零四十八卷，大致分480帙。宋代譯經綿延百餘年，譯經的數量又所有增加，宋《崇寧藏》作為我國古代私刻版大藏經，在北宋刊刻完成，南宋又有續刻，全藏595帙，收錄1451部6000多卷。不論如何，漢譯佛經保存了五、六千卷。

　　佛教經典傳入藏地後，從松贊干布起開始將傳入的梵文本藏文翻譯成藏文，到赤松德贊時又將傳入的漢文或其他語言的經典譯成藏文，並開始整理編訂佛經目錄《登迦目錄》，這是整理藏文大藏經的開始，之後又出現《丹噶目錄》《旁塘目錄》《欽浦目錄》，現僅存《丹噶目錄》，收錄佛經六、七百種。直到十三世紀中期布頓大師在整理前人譯經和編目的基礎上，編訂完成了藏文的《甘珠爾》《丹珠爾》。到元仁宗皇慶二年（1313）至延祐七年（1320）在納塘寺刊布的主持下，收集各處的經律論，抄寫藏地第一部大藏經，即那塘本藏文《甘珠爾》，元武宗時期，再次組織人力和物力搜集所有譯經，編訂了藏文《甘珠爾》和《丹珠爾》。明永樂八年（1410）在南京根據元版又覆刻一部，只有《甘珠爾》。明萬曆三十三年（1605）又續刻了《甘珠爾》，但是明代刻本流傳很少，雕板也毀壞不存。明崇禎年間在雲南麗江由土司贊助再次雕刻《甘珠爾》，雕板也毀於清光緒年間。康熙二十二年（1683）依據西藏霞盧寺的寫本在北京嵩祝寺雕刻《甘珠爾》，雍正二年（1724）又續刻了《丹珠爾》，這就是北京版藏文《大藏經》。雕板毀於光緒二十六年（1900）庚子戰爭。這些雕板刻、印刷都與蒙古族和藏族僧人的勞作有密切關係。康熙六十年（1721）至雍正九年（1731）、乾隆十八年（1753）至三十七年（1772）在甘肅卓尼縣禪定寺雕刻藏文大藏經，1928 年雕板毀於戰火，現存印經藏於美國華盛頓國會圖書館、日本東洋文庫、中國國家圖書館、北京民族文化宮、南京圖書館、山西五臺山和甘肅拉撲楞寺等地。最為著名的當屬德格版藏文大藏經，在雍正八年（1730）至乾隆二年（737）在德格縣雕刻，其中《甘珠爾》為里塘版的覆刻，《丹珠爾》則依據霞盧寺寫本並增補布敦目錄所收經典雕造，雕版藏於德格寺，稱德格版大藏經。在七世達賴和十三世達賴時期也曾雕刻藏文大藏經。

　　除了藏文大藏經以外，還存在依據藏文大藏經翻譯成蒙古文的大藏經，這項工程從元大德（1297～1307）年間已經開始，藏族、蒙古族、回鶻族、漢族等僧眾將藏文大藏經譯為蒙文在西藏地區刻造刷印。明代萬曆年間（1573～1619）又將補譯的經典增補刊入，崇禎（1628～1644）初期，對蒙文藏經進行過校勘。康熙二十二年（1683）在北京雕刻完畢蒙古文《甘珠爾》。康熙五十九年（1721），完整的蒙古文《甘珠爾》在北京木刻出版，共計 108 函。乾隆六年（1741）至十四年（1749）又重新校勘雕刻《丹珠爾》。蒙古文《大藏經》是蒙古民族的重要文化遺產，是研究蒙古族文化史、宗教學、語言學、

哲學、醫學等必不可少的文獻。

　　清朝統治者在雕刻藏文、蒙文大藏經的同時，也校勘和雕刻刊印漢文大藏經《乾隆大藏經》。《乾隆大藏經》始於雍正十三年（1735）至乾隆三年（1738）完成，主要依據《永樂北藏》為底本，分正藏和續藏，正藏共 485 函，有千字文帙號，包括大乘五大部經、五大部之外的重譯單部佛經、小乘《阿含經》、宋元入藏諸大小乘經、律、論，以及西土聖賢撰述等；續藏共 239 函，其中收錄元、明、清三朝高僧大德的著作近 200 種。

　　由於雕版印刷術的產生，促進了佛經刊印的進步，從宋代開始雕刻和刊印了多部大藏經，如《開寶藏》《契丹藏》《趙城金藏》《磧砂藏》《崇寧藏》《毗盧藏》《思溪藏》《普寧藏》《永樂南藏》《永樂北藏》《乾隆大藏經》等。現存譯經既是研究中西文化交流的基礎，遺存不同版式、不同文字的經典也是瞭解中國印刷術、裝幀、版式和帙號等最好的文化載體。

　　明和清初，禪宗和淨土宗得到快速的發展，臨濟宗、曹洞宗和雲門宗僧人在各地弘傳禪法，華嚴宗和天台宗也有一定的發展，各宗派都出現一些著名的高僧。明末清初之際，佛教界存在一場辯論，在禪宗內部產生了很大影響。這場辯論即臨濟宗的密雲圓悟（1566～1642）和漢月法藏（1573～1635）間持久的辯論，後來雍正皇帝出面支持密雲圓悟一系，打擊漢月法藏一系，才使得雙方的辯論逐漸平息。

　　總之，明清時期藏傳佛教得到很好發展，漢傳佛教的發展漸漸衰微，尤其到康熙時期，隨著人口不斷增加，私度僧尼的現象比比皆是，乾隆十九年（1754）統治者又取消官府頒發度牒的規定，私度人數更加膨脹，僧尼人數越來越多，他們的佛學水平也越來越差，佛教內部也存在諸多弊端，寺院管理落後，人心各異，僧團內部腐敗嚴重，子孫寺林立，任人唯親；僧徒文化水平較低，文盲眾多，道德素質下降，修行失落，麻木無知；生活墮落腐化，驕奢淫慾，不守戒律，觸犯王法；僧眾不研習佛教，只關注自身利益，不關心社會和國家命運，無救世精神，不能給予社會和大眾精神依止和啟迪，很多僧徒每日以經懺為目標，導致清末民國時期社會對佛教產生諸多不好的印象，學界攻擊佛教，政府、鄉紳和軍閥侵奪寺院財產，為了保護僧團利益，維護僧眾的權益，僧界有識之士，如寄禪、冶開、印光、弘一、虛雲、圓瑛、太虛等，積極行動起來，一方面積極應對社會各階層時佛教的攻擊；另一方面積極改革佛教和僧制，完善佛教的發展，以確保寺產的穩固。

第三節　元明清河北佛教文化遺存

一、元明清河北行政區劃

（一）元代河北行政區劃

　　元明清三個朝代皆以北京（大都）為都城，北京及其周邊成為政治、經濟和文化中心。元代傚仿漢制，意在加強中央集權，防止地方分裂。中央行政機構分為四大、一省六部，一省即中書省，中書省直轄地也稱「腹裏」，統轄範圍相當於今天河北、山東、山西和內蒙古的一部分等。地方有行中書省，具有朝廷派出機構和地方官府的兩重性質，行中書省為地方最高一級行政機構，下設路、府、州、縣。

　　元太宗三年（1231），始立中書省，以耶律楚材為中書令，黏合重山為左丞相，鎮海為右丞相。中統元年（1260）忽必烈立中書省，以王文統為平章政事，張文謙為左丞，二年（1261）十二月庚寅，詔封皇子真金為燕王，領中書省事。「中書省統山東、西，河北之地，謂之腹裏。為路二十九、州八，屬府三，屬州九十一，屬縣三百四十六。」〔註25〕元代的河北屬於京畿重要之地，在政治、經濟、文化等方面的發展佔有一定的優勢。儘管一些州縣多有調整，但涉及到今河北地區的路有：大都路、上都路、興和路、永平路、保定路、真定路、順德路、彰德路、大名路、河間路等。

　　其中大都路，即唐幽州范陽郡。遼改燕京，金遷都，為大興府。元太祖十年（1215），克燕，初為燕京路，總管大興府。太宗七年（1235），置版籍。世祖至元元年（1264）改燕京為中都。九年（1272），改中都為大都。二十一年（1284），置大都路總管府。

　　上都路，唐時為奚、契丹地。金平契丹，置恒州。

　　興和路，唐屬新州。金置柔遠鎮，後升為縣，又升撫州，屬西京。元中統三年（1262），以郡為內輔，升隆興路總管府，建行宮。

　　永平路，唐平州。遼為盧龍軍。金為興平軍。元太祖十年（1215），改興平府。中統元年（1260），升平灤路，置總管府，設錄事司。大德四年（1300），以水患改永平路。

〔註25〕　（明）宋濂等撰：《元史》卷58《地理志》（一），北京：中華書局標點本，1976年，第1347頁。

保定路，本清苑縣，唐隸鄭州。宋升保州。金改順天軍。元太宗十一年（1239），升順天路，置總管府。至元十二年（1275），改保定路，設錄事司。

真定路，唐為恒山郡，又改鎮州。宋為真定府。元初置總管府，領中山府，趙、邢、洺、磁、滑、相、濬、衛、祁、威、完十一州。後割磁、威隸廣平，濬、滑隸大名，祁、完隸保定。又以邢入順德，洺入廣平，相入彰德，衛入衛輝。又以冀、深、晉、蠡四州來屬。

順德路，唐邢州。宋為信德府。金改邢州。元初，置元帥府。後改安撫司。憲宗分洺水民戶之半於武道鎮，置司總管。五年（1255），以武道鎮置廣宗縣，並以來屬。中統三年（1262），升順德府。至元元年（1264），以洺州、磁州來屬。二年（1265），洺、磁自為一路，以順德為順德路總管府。

彰德路，唐相州，又改鄴郡。石晉升彰德軍。金升彰德府。元太宗四年（1232），立彰德總帥府，領衛、輝二州。憲宗二年（1252），割出衛、輝，以彰德為散府，屬真定路。至元二年（1265），復立彰德總管府，領懷、孟、衛、輝四州及本府安陽、臨漳、湯陰、輔岩、林慮五縣。

大名路，唐魏州。五代南漢改大名府。金改安武軍。元因舊名，為大名府路總管府。

河間路，唐瀛州。宋河間府。元至元二年（1265），置河間路總管府。

元代時，河北作為腹裏地區，由中書省直接管理，被分為諸路進行管理。

（二）明清行政區劃

朱元璋洪武初，建都江表，廢除元中書省，將以京畿應天諸府直隸京師，之後又廢行中書省，將行中書省的權利一分為三，置十三布政使司，分領天下府、州、縣及羈縻諸司。

隨著靖難之役取得勝利，而成為明代皇帝的朱棣，他幾次北巡，開始在北京設立「行在」六部；設後軍都督府；設都察院等軍事、監察決策機構，開始將行政系統逐漸北移，於永樂元年（1403）朱棣下令以北平為陪都，改名北京。永樂十九年（1421）朱棣遷都北京，明代的政治、文化中心北移。朱棣遷都北京後，北倚群山，東臨大海，乃以北平為直隸，又增設貴州、交址二布政使司，共十五布政使司。「終明之世，為直隸者二：曰京師，曰南京……正統六年十一月罷稱行在，定為京師。府八，直隸州二，屬州十七，縣一百一十六……北至宣府，外為邊地。東至遼海，與山東界。南至東明，與山東、

河南界。西至阜平，與山西界」。〔註26〕北直隸領順天府，領五州，二十一縣；保定府，領三州，十七縣；河間府，領二州，十六縣；真定府，領五州，二十七縣；順德府，領九縣；廣平府，領八縣；大名府，領一州，十縣；永平府，領一州，五縣。今河北屬於直隸省的統轄範圍。

清順治初定鼎京師，為直隸省，河北仍屬於直隸省，清前期機構設置多有變化。順治十三年（1656），設巡撫三，即順天、保定、宣府。順治五年（1648）曾置直隸、山東、河南三省總督，駐大名。十六年（1659），改為直隸巡撫，明年（1660）移駐真定。康熙八年（1669），復移駐保定。雍正二年（1724），復改總督。而府尹舊治順天，為定制。康熙三十二年（1693），改宣府鎮為宣化府。雍正元年（1723），置熱河廳，改真定為正定。二年（1724），增置定、冀、晉、趙、深五直隸州，張家口廳。三年（1725），升天津衛為直隸州，九年（1731）為府。十年（1732），置多倫諾爾廳。十一年（1733），熱河廳、易州並為直隸州。十二年（1734），置獨石口廳，降晉州隸正定。乾隆七年（1742），承德仍為熱河廳。八年（1743），遵化升直隸州。四十三年（1778），復升熱河廳為承德府。光緒二年（1876），置圍場廳，隸承德。三十年（1904），又置朝陽府。令京尹而外，領府十一，直隸州七，直隸廳三，散州九，散廳一，縣百有四。清代直隸所屬管轄府和直隸州有順天府、保定府、永平府、河間府、天津府、正定府、順德府、廣平府、大名府、宣化府、承德府及遵化州、易州、冀州、趙州、深州、晉州和定州等。清代直隸屬於京畿要地，有海路、鐵路還有漕運等，交通便利，對外聯絡方便。

總之，元代河北屬於腹裏，屬於中書省，明代屬於北直隸，清代屬於直隸省，三個朝代皆為京畿要地，是政治、經濟、文化、交通發展的中心。漢傳和藏傳佛教興盛，寺院眾多，僧人積極弘法，佛教文化遺跡保存較多。

二、元明清河北所建寺院概況

（一）元代腹裏所建寺院

元明清距離現在的年代較近，保存下來的文物、遺跡和實物要多一些，河北地區保存元代所建寺院今石家莊地區有獲鹿縣的龍泉寺，晉州的清雲寺，正定的洪濟寺、龍崗寺，辛集的臺頭寺、聯虔寺，藁城縣的開樞寺、

〔註26〕（清）張廷玉等撰：《明史》卷40《地理志》（一），北京：中華書局標點本，1974年，第882頁。

天台寺，欒城縣的極果寺、紅漆寺、廣勝寺，趙縣的西林寺、白雲寺，深澤縣的觀悅寺等 14 座；保定地區有清苑縣靈壽寺、永寧寺、大悲閣、興華寺、清覺寺、昊天寺、龍華寺、鐵佛寺，保定的永雷寺（南大寺）、遮雲寺、清覺寺、崇慶寺、大悲閣，安新縣的淨業寺，蠡縣的寶寧寺、上清涼寺，望都縣的壽聖寺，滿城的歡山寺、月明寺，完縣的海眼禪寺，高陽的天雲寺、福泉寺，定興縣的東林寺、華岩寺、慈雲閣，易縣的古塔寺、歸雲寺等 27 座；今邢臺地區有鉅鹿的隆巨寺、彌陀寺，新新河縣的聖金寺，柏鄉的神應寺，內丘的梵雲寺，南宮的重興寺，新河的崇寧寺，寧晉的天池寺，威縣的興國寺、法雲寺，邢臺的淨工寺，沙河的禪華寺，南和的金剛寺，廣宗縣的南昌寺等 14 座；唐山地區的樂亭的福宕寺、鶴天寺、崇國寺、聖岩寺，灤縣的勝岩寺、清水興國寺，豐潤的甘泉寺等 7 座；張家口地區有陽原縣的大覺寺，涿鹿的龍安寺等 2 座；廊坊地區固安的慶圓寺、興化寺，霸縣的普濟寺，香河的隆安寺、隆興寺、鐵瓦寺、鐵佛寺，三河的延福寺、蓮宮寺等 9 座；邯鄲地區肥鄉的文殊寺，邯鄲的爆臺寺，磁縣的大明寺等 3 座。衡水地區深縣的寶光寺，饒陽的木殿寺、上元寺、頂寧寺，棗強的甘露寺、普興寺、廣教寺，武強的大興寺、二泉寺等 9 座；承德地區靈峰寺 1 座；滄州地區青縣的洪音寺，河間的景夢寺等 2 座；秦皇島地區盧龍的開元寺、白塔寺、三孝寺、白雲寺等 4 座。〔註27〕

（二）明代北直隸所建寺院

明朝所建寺院今石家莊地區有正定大鳴泉寺、先旺寺、崇因寺、鎮海寺，欒城的勝樂寺，行唐的玉泉寺，晉州的留箭寺，藁城的極果寺、興國寺、自樂寺，無極縣的十方院，深澤縣的慈雲閣、興國寺，贊皇縣的天台山寺，井陘縣的牟尼寺，靈壽縣的禪定寺等 16 座；保定地區有徐水縣的興國寺、圓覺寺、永正寺、興聖寺、永安寺，博野縣的雲崖寺，完縣的法雲寺、太子寺、雙泉寺、天寧寺、演法寺，清苑縣的崇興寺、保安寺、壽乘寺、無我庵、月潭寺、崇興寺，定州的鐵瓦寺，定興的萬壽寺、永傳寺、沙邱寺，新城縣龍泉寺、萬善禪林、高橋古寺、維新寺、長雲寺，蠡縣的福盛寺、洪善寺，安新縣的保安寺、鎮龍寺、朝陽寺、大悟寺，唐縣的延禧寺，阜平的普祐寺、益壽寺高陽的慈臨庵，保定的靈雨寺，涿州的普壽寺、延壽寺，安國縣的勝

〔註27〕參見河北省地方志編纂委員會編：《河北省志·宗教志》，北京：中國書籍出版社，1995 年，第 47～142 頁。

福寺，淶水的金山寺，淶源的千佛寺、太平寺，曲陽的東橋寺等43座；邢臺地區有任縣的崇勝寺，新河縣的永慶寺、崇聖寺，威縣的石佛寺，柏鄉的雨花庵、宗聖寺，內丘的圓津庵，清河的崇興寺，臨城的龍泉寺、文殊寺、千佛寺等12座；唐山地區有遷安的平臺寺、開福寺，遵化的廣慧寺、福利寺，樂亭的興龍寺、樂靜庵、朝陽庵、勝岩寺、寶塔寺、毗盧寺、火慈寺，玉田的智水寺，灤縣的偏涼寺等13座；張家口地區有懷安縣的慶祥寺、昭化寺、地藏寺、永福寺、紅交寺，張家口的雲泉寺，蔚縣的金河寺、聖泉寺、新寺，赤城縣的鎮疆寺、靜海寺、瑞雲寺，懷來縣的奉化寺、慶壽寺、通濟寺、松峰寺、大佛寺、大悲寺、白塔寺、南安寺，萬全縣的昭化寺、康濟寺，宣化的朝陽寺、崇善寺、臥牛寺、妙峰寺、廣慈寺、大悲寺、北山寺、彌陀寺、首座寺、團山寺、柏林寺，陽原縣的聖感寺、千佛寺、柳溝寺、萬言寺，涿鹿的清涼寺、龍門寺、柏林寺、水頭寺、鎮海寺、龍居寺、寶峰寺、德化寺、觀音寺等48座；廊坊地區永清的保安禪寺、興隆寺、雲華寺、龍泉寺、隆興寺、普濟寺、淨嚴寺、興華寺、祀當寺、保明寺、洪正寺，安次縣的淨安寺，廊坊的廣嚴寺，固安的興國寺、靈覺寺、宏仁寺，霸縣的萬江寺等17座；邯鄲地區永年的泉亭寺，曲周縣的圓祥寺，肥鄉的惠照寺，邯鄲的大乘寺、龍興寺，成安的圓照寺等6座；衡水地區景縣的開福寺、石佛寺、隆興寺，棗強的興福寺、石佛寺、西明寺、邊仙寺，武邑的興國寺，饒陽的鐵鼓寺，冀縣的清涼寺，武強的恩重寺、圓覺寺，故城的觀音禪院、護國寺、隆興寺等15座。承德地區平泉縣會禪寺1座；滄州地區滄縣的集善寺，河間的資勝寺，獻縣的福業寺，鹽山縣的福泉寺、開化寺，東光縣的普照寺、寶光寺，吳橋縣的大乘寺，青縣的興國寺、流佛寺，南皮縣的興化寺，肅寧的福田寺等12座；秦皇島地區撫寧的金峰寺、秋月寺，昌黎的崇興寺等3座。〔註28〕

（三）清直隸省所建寺院

清代所建寺院有今石家莊地區有辛集的珍珠寺、廣福寺，正定的永壽庵，獲鹿縣的崔老寺、銅閣寺、靈巖寺，井陘的微水寺、大寧寺，欒城的大理寺，靈壽的聖泉寺，藁城的清涼寺等11座；保定地區安新縣的沛思寺、廣惠寺，阜平的招提寺、雲溪寺、金龍寺，涿州的福聚寺、保靖寺，清苑的淨土寺、苑燕寺、靈雨庵、昊天寺，徐水縣的慈航寺，新城的彌陀寺、興福寺，唐縣

〔註28〕參見河北省地方志編纂委員會編：《河北省志·宗教志》，北京：中國書籍出版社，1995年，第47～142頁。

的甘露寺、醴泉寺，博野的雲岩寺，蠡縣的杜莊寺、五龍寺，安國的廣慧寺、興國雙塔寺，高陽的崇興寺、清涼寺，定州的海會寺，曲陽的善法寺、柏林院，保定的銅佛寺、淨土寺、興善寺、永寧寺、朝陽寺、寶泉禪林、千佛庵、南白衣庵，滿城的大覺寺、聖教寺、崇壽寺等 38 座寺院；邢臺地區有平鄉的福勝寺，清河的承露寺，邢臺的洪羅寺，南和的圓通寺，內丘的大覺寺，新河縣的興國寺，臨城的五龍寺等 7 座；唐山地區有遷安的金山寺、松棚寺、聖泉寺，唐山的鐵佛寺，樂亭的隆興寶峰寺、正覺寺、海雲寺、清鸞寺，遵化的聖水寺，玉田的上生寺、淨業寺、大覺寺，豐潤的壽峰寺、沙岩寺、聖岩寺、翠花寺、泥河寺等 17 座；廊坊地區固安的石佛寺、三佛寺、雀臺寺、興福寺，永清的雙運寺，三河的萬壽寺，文安縣的清寧寺等 7 座；邯鄲地區大名的臨濟寺，永年的龍泉寺，曲周縣的段竹寺、寶寧寺，肥鄉的古瑟寺、解脫寺、井堂寺，雞澤的通惠寺、華嚴寺，廣平的千佛寺、景明寺，邯鄲的竹林寺、佛光寺、青塔寺，成安的福勝寺，磁縣的西韋寺、東韋寺，大名的大士庵等 18 座；承德地區灤平的星龕岩寺、靜妙寺、峭壁寺、清泉寺、洪湯寺、安禪寺、穹覽寺、靈通寺、金雲寺、福壽寺、石佛寺、觀音寺、寶蓋寺、興隆寺、白塔寺、普濟寺、月珠寺，承德的開仁寺、溥仁寺、溥善寺、永祐寺、普寧寺、普祐寺、普樂寺、廣安寺、鷟雲寺、珠源寺、殊像寺、甫泉寺、雲峰寺、天平寺、天靈寺、禪林寺，平泉縣的觀音寺、廣禪寺、法興寺、宗暢寺、玉泉寺、法輪寺、全係法輪寺、成喜寺、達魯萬祥寺、法善寺、臥佛寺等 45 座；秦皇島地區有撫寧的雙龍禪院、舊縣寺、長城寺、報國寺、勝水寺、望海寺；昌黎的仙花寺、圓通寺、源影寺、體諒寺等 10 座。〔註29〕

　　上述所列寺院是學者們根據各種記載進行初步統計數量，可能並不是元明清三朝所建寺院的全部，但總的來說元明清時期河北地區所建數量是非常多的。現在由於行政區劃的變化，有些寺院已經不屬於河北，而歸屬天津和北京。加之人為和自然等諸多原因保存下來的寺院和佛教建築也並不是很多。

三、正定府佛教文化遺存

　　元代的真定路屬於腹裏，唐時稱恒山郡，後改鎮州，宋稱真定府。元初置總管府，領中山府，趙、邢、洺、磁、滑、相、濬、衛、祁、威、完十一

〔註29〕參見河北省地方志編纂委員會編：《河北省志・宗教志》，北京：中國書籍出版社，1995 年，第 47～142 頁。

州。後割磁、威隸廣平，濬、滑隸大名，祁、完隸保定。又以邢入順德，洺
入廣平，相入彰德，衛入衛輝。又以冀、深、晉、蠡四州來屬。領司一、縣
九（真定、藁城、欒城、元氏、獲鹿、平山、靈壽、阜平、涉縣）、府一（中
山府）、州五（趙州、冀州、深州、晉州、蠡州）。明代的真定府，直隸中書
省，屬於腹裏地區，領州五，即定州、冀州、晉州、深州；縣二十七，即井
陘、獲鹿、元氏、靈壽、藁城、欒城、無極、平山、阜平、行唐、新樂、曲
陽、高邑、贊皇、寧晉等。清代的真定稱正定，屬於直隸省，雍正二年（1724），
升冀、趙、深、定、晉為五直隸州，以南宮等十七縣屬之。十二年（1734），
降晉州，並所屬無極、藁城與定州、新樂還來隸。領州一，縣十三。元明清
真定或正定是京畿要地，地理位置重要，文化繁榮。

正定作為一座古老的城市，不僅是一座北方的雄鎮，元有「北臨京師，
南通九省」的京畿屏障，交通位置十分重要，明萬曆皇帝和其母親在正定建
立寺院，塑造毗盧佛，清代康熙、乾隆等多次遊歷正定，留下豐富的碑刻資
料，它們向人們默默敘說著往日的輝煌。邯鄲地區佛教在明清民國時期依然
興盛，毗盧派有了一定發展和傳承，至今仍然續演不斷。

（一）趙孟頫與《臨濟正宗碑》

真定府臨濟寺在唐義玄時期興盛，義玄在真定創立臨濟宗，不斷弘傳發
展，遠播海外。及至蒙元時期，蒙古統治者入主中原，在大都建立都城，給
中國佛教發展帶來一個轉折時期。中國漢地佛教禪宗臨濟宗一派正在大規模
興起，成為中國佛教發展的主流。元代初期，海雲禪師曾主持修建臨濟寺，《河
朔訪古記》記載：「臨濟禪寺在真定府城中，定遠門街，飛雲樓之東，其三門
下有唐吳道子所畫布袋和尚及搖鈴普化真贊。」元初，臨濟寺已經破敗，臨
濟宗僧人海雲禪師主持修建臨濟寺。

元時期，臨濟宗興盛，海雲印簡大師稱為「臨濟中興名匠」。至大二年（1309）
內翰趙孟頫奉敕撰「臨濟正宗之碑」，彰顯統治者對於臨濟宗的重視。《真定
十方臨濟慧照玄公大宗師道行碑銘》記載：

> 皇朝撫有方夏，為主僧所居，殿宇荒摧。海雲大宗師，臨濟之十七
> 世孫也。監寺定明、白府致禮，請海雲主是席……至元丁亥秋八月，
> 雪堂費聖上御香，將詣杭浙諸名剎焚修祝禧，至廣陵，來謁予言：
> 「山僧今年春過鎮陽，拜臨濟祖師塔，撫循遺跡，旌紀寂寥，因與
> 僧統滿公議，將以師之道行刻之貞石，以詔學者，幸公為我當筆也。」

予固辭不許，即相與考證諸家傳錄，以次第之。謂雪堂曰：「自曹
溪派而為五之後，今法眼、溈仰傳者至少，雲門、洞下差多於二家，
唯臨濟一宗演溢盛大。既為嗣法高弟，發明師之宗旨，昭揭師之學
行，俾傳無窮，宜矣。」〔註30〕

海雲為臨濟十七世孫，〔註31〕經歷成吉思汗、窩闊台、貴由、蒙哥四位君王，
他主持臨濟寺，為元代臨濟宗的弘傳起了積極推動作用。

臨濟寺立臨濟正宗碑（圖1）

〔註30〕劉有恆、李秀婷：《〈真定十方臨濟慧照公大宗師道行碑銘〉淺談》，《文物春
　　　　秋》2007年第5期。
〔註31〕（元）釋念常集：《佛祖歷代通載》卷21載，海雲印簡為「臨濟為十六世」。

臨濟寺真定十方臨濟慧照玄公大宗師道行碑銘（圖 2）

　　元至大二年（1309）趙孟頫奉敕撰《臨濟正宗碑》，立於寺，原碑已毀，現在臨濟寺所立《臨濟正宗碑》是臨濟宗第四十五代傳人有明禪師於 2013 年重新雕刻所立。

　　《臨濟正宗碑》是宋朝遺民趙孟頫所寫，趙孟頫（1254～1322），字子昂，號松雪，松雪道人，又號水精宮道人、鷗波，中年曾作孟俯，漢族，吳興（今浙江湖州）人。宋太祖趙匡胤十一世孫，秦王德芳之後人。趙孟頫十四歲，蔭補為官，試中吏部銓法，調真州司戶參軍。宋亡，趙孟頫歷盡艱辛謀求生活，至元二十三年（1286）因程鉅夫向朝廷推薦而得到忽必烈的重用，官居

集賢直學士、江浙等處儒學提舉、集賢侍講學士、中奉大夫、翰林學士承旨、榮祿大夫。趙孟頫因學識淵博，從事文化事業，其書畫對後世產生很大影響。趙孟頫是經山高僧中峰明本的在家弟子，與佛教界多名高僧關係很好，其書寫的與佛教有關的書法也受到後人的稱讚。

趙孟頫的《松雪齋集》收集了其撰寫的《大雄寺佛閣記》《瑞州路北乾明寺記》《敕建大興龍寺碑銘》《大元大崇國寺佛性圓明大師演公塔銘》，及奉敕撰《臨濟正宗之碑》《中峰和尚真贊》《五臺山文殊菩薩顯應記》《重修觀堂記》《天目山大覺正等禪寺記》《濟南福壽禪院記》《大元大普慶寺碑銘》《仰山棲隱寺滿禪師道行碑》《五臺山寺請謙講主講清涼疏》《請雨公長老住聖安禪寺疏疏》《幻住庵主月公金書楞嚴經疏》《請謙講主茶榜》《題東老事實後》《敕建帝師殿碑》《白雲祖師初學記序》、《龍源和尚塔銘》等，這些資料文字生動，記錄了大量的元代佛教的史料，對研究元代的佛教無疑有著重要的價值。

與真定府臨濟寺有密切關係的是《臨濟正宗碑》，碑文近千字，敘佛法的原理與禪宗的由來，禪宗在中土的傳承法脈，「世尊拈花，迦葉微笑」而成禪宗的特色。臨濟僧人海雲住持臨濟寺，碑文記載臨濟下傳十二世到海雲印簡之經歷、海雲禪法特質以及其弟子，海雲與元世祖的關係，海雲的法孫西雲大師與成宗朝的關係，強調了臨濟一宗在元代發展，以及撰寫碑文的由來。碑文主要記述了元代臨濟宗海雲印簡一系的發展，以及海雲弟子從元成宗統治者的手裏獲得了敕賜，給予「臨濟正宗之印」，臨濟宗成為元代漢傳佛教最有勢力的一派。

元代海雲印簡一系的臨濟宗開始崛起，對後世產生了很大的影響，特別是得到了仁宗皇帝敕賜的「臨濟正宗之印」，趙孟頫作為江南臨濟禪宗中峰明本的弟子，弘傳臨濟宗也是其職責所在，「孟頫重天目中峰之道，每受師書必焚香望拜，與師書必自稱弟子。」故趙孟頫撰寫《臨濟正宗之碑》有「（海雲）師住臨濟院，能繫祖傳以正道統佛法，蓋至此而中興焉」美譽。

自從趙孟頫的《臨濟正宗之碑》之後，佛教界內接著出現了不少以此為名的碑文，《臨濟正宗》在下文毗盧寺的碑文中也再次提及。

臨濟寺在明代再次衰微，明正德十六年（1521）對臨濟寺的山門、大雄寶殿、澄靈塔、祖堂、僧僚進行重修，及至明末清初，臨濟祖庭又一次荒廢。清雍正十二年（1734）封義玄禪師為「真常慧照禪師」，並刻碑文鑲嵌於塔身。道光十年（1830）對臨濟寺進行重修。1947 年殿堂被毀，僅存澄靈塔。

（二）膽巴與龍興寺

正定地理位置重要，為北方「三關雄鎮」之一，隋朝始建的龍興寺元代依然興盛，元代皇帝崇佛，多次對龍興寺進行修剪和擴建，「元至元元年（1264）奉敕重修御書閣，至元癸巳年僧膽巴師重修六師殿，復號至元元年奉敕重修大悲閣，僧國師號南無大士重修龍興寺」。〔註32〕元成宗時期曾任膽巴住持龍興寺，修六師殿。元另一位僧人南無大士重修龍興寺。

膽巴（1242～1303），即紞巴或丹巴國師，丹巴，名功嘉葛刺思，西番突甘斯旦麻人。又稱紞巴、膽巴、簹八、瞻巴金剛等，世壽七十有四，僧臘六十二。膽巴有金剛上師之號，賜諡大覺普慈廣照無上帝師。趙孟頫《膽巴碑》記載：

> 師所生之地曰：突甘斯旦麻，童子出家，事聖師綽理哲哇為弟子，受名膽巴，梵言膽巴，華言微妙。先受秘密戒法，繼遊西天竺國，遍參高僧，受經律論。繇是深入法海，博採道要，顯密兩融，空實兼照，獨立三界，示眾標的。至元七年，與帝師八思巴俱至中國。帝師者，乃聖師之昆弟子也。帝師告歸西蕃，以教門之事屬之於師，始於五臺山建立道場，行秘密咒法，作諸佛事，祠祭摩訶伽刺。持戒甚嚴，晝夜不懈，屢彰神異，赫然流聞。自是德業隆盛，人天歸敬。武宗皇帝、皇伯晉王及今皇帝、皇太后皆從受戒法，下至諸王將相貴人，委重寶為施身，執弟子禮，不可勝紀。……元貞元年正月，師忽謂眾僧曰：「將有聖人興起山門。」即為梵書奏徽仁裕聖皇太后，奉今皇帝為大功德主，主其寺……至大元年，東宮既建，以舊邸田五十頃賜寺為常住業。師之所言，至此皆驗。大德七年，師在上都彌陀院入般涅槃，現五色寶光，獲舍利無數。

膽巴國師作為薩迦僧人，曾去天竺學習經律論，顯密兼通，與八思巴帝師有著密切的關係，他追隨帝師來至漢地弘傳佛法，在五臺山修建寺院，從事諸多法師活動，尤其在元成宗時期最為顯赫。《元史》記載：「八思巴時，又有國師膽巴者，一名功嘉葛刺思，西番突甘斯旦麻人。……中統間，帝師八思巴薦之。時懷孟大旱，世祖命禱之，立雨。又嘗咒食投龍湫，頃之奇花異果上尊湧出波

面，取以上進，世祖大悅。」〔註33〕丹巴國師除了住持正定龍興寺，修繕六師殿等外，他還負責洛陽白馬寺的修建工作。洛陽白馬寺出土的《龍川和尚遺囑記》記載：「貞元二年，統巴上士奏，奉聖旨遣成大使，馳驛屆寺，塑佛、菩薩於大殿者五，及三門、四天王，計所費中統鈔二百定。大德三年召本府馬君祥等莊繪，又費三百五十定。其精巧臻極，咸曰希有。每歲三月十三日師之示滅，四月初五日師之銘忌，嚴辦上供，以饌佛僧，永為常式。」〔註34〕

元仁宗還曾親自至龍興寺禮佛，賜金銀修繕寺院，並賜田畝、經卷、長明燈錢作為寺院的常住，四眼僧徒眾多，日益興盛。

（三）明清修繕龍興寺及文物遺存

1、龍興寺（隆興寺）的修繕

明代統治者對佛教也是寵愛有加，也曾多次出資修建寺院建築和佛像，「明正統三年（1438）真定府知事衛景嚴重修御書閣，天順七年（1463）正月御馬監太監錢福增建龍泉井亭，洪福院僧福容增建摩尼殿。成化甲辰（1484）八月僧夢堂重修摩尼殿，正德五年（1510）僧夢堂增建彌陀、伽藍、祖師殿、鐘鼓、藏經樓、淨業堂。正德八年（1513）御馬監太監谷大用重修龍泉井亭。嘉靖二十六年（1547）僧元海重修天寧閣。嘉靖三十四年（1555）善人何洪造接引石佛一尊。隆慶三年（1569）住持普亮重修龍泉井亭。萬曆四年（1576）奉敕重修天寧閣，萬曆三十三年（1605）住持戒渙重修天寧閣，萬曆三十七年（1609）僧性存重修天王殿」。〔註35〕明從英宗開始多次對龍興寺多個建築進行修建，並擴建了彌陀、伽藍、祖師殿、鐘鼓、藏經樓、淨業堂等，明英宗敕賜金銀用於供佛。

清朝龍興寺的地位依然很高，康熙、乾隆多次親臨隆興寺，撥銀修繕寺院和增建殿宇。從「順治五年（1648）寺僧寂乾性福重修東耳閣，即御書閣；順治六年（1649）直隸巡撫於公靖廉重裝大悲佛冠；順治十六年（1659）郡守佟公國華重修轉輪藏；康熙四年（1665）直隸巡撫王公登聯重修天寧閣（舊

〔註33〕（明）宋濂等撰：《元史》卷 202《釋老傳》，北京：中華書局標點本，1976年，第 4519 頁。

〔註34〕《洛陽市志》卷 15「白馬寺・龍門石窟志」之《龍川和尚遺囑記》，鄭州：中州古籍出版社，1996 年，第 69 頁。

〔註35〕清《敕建隆興寺志》，《羅氏雪堂藏書遺珍影印》（八），全國圖書館文獻縮微複製中心，第 348～350 頁。

有碑記），今埋集慶閣前；康熙五年（1666）直隸巡撫王公登聯重修慈氏閣；康熙六年（1667）直隸巡撫王公登聯重修天王殿；康熙八年（1669）直隸巡撫升任雲貴總督，甘公國基重修四周牆垣，因舊基俱用立石，以臥石易之。康熙十五年（1676）住持海昇重修圍牆三面；康熙十八年（1679）住持住持海昇重修龍泉井亭；康熙二十三年（1684）寺僧聚六同住持海昇重裝六師殿佛像；三十年南亭閣姓兄弟重裝大悲菩薩像；三十四年（1695）寺僧照教閉坐釘關，苦募重修天王殿；四十一年（1702）奏旨殿宇佛相合寺全修，欽差和碩裕親王造寺料估並欽差監督，河南道御史納黑等於四十二年（1703）興工，四十八年（1709）告竣，雕樑畫棟金碧輝煌，為海內寶剎第一名區。龍興寺敕賜隆興寺。天寧閣敕賜佛香閣。西耳閣舊名舍利，敕賜集慶閣。康熙四十七年（1708）監督臣工敬謹相，度於佛香閣。右側增建行宮。乾隆九年（1744）湖南布政司長公柱重裝佛香閣北牆後羅漢十八尊；十年（1745）隆興寺奉旨發幣修葺，十一年（1746）告竣，規模巍煥，舊建行宮一併重修；十一年（1746）四月住持淨名重裝佛香閣內坐相、行相菩薩五尊，又重裝四十二臂化身菩薩四十二尊，金裝韋陀一尊；十七年（1752）五月邑紳梁彬金裝韋陀佛一尊；十七年（1752）九月邑紳王發枝金裝地藏佛一尊、大辯連二尊；十八年（1753）看殿僧信根重裝古佛五尊。」〔註36〕

清朝不僅皇帝敕賜重修隆興寺，康熙四十八年（1679）賜額「隆興寺」，為海內寶剎第一名區。

康熙五十二年（1713）皇帝「御製重修隆興寺碑文」既稱讚修建後的寺院金碧恢宏，也認為其「密邇神京，連接畿輔，地當都會。時際豐穰，煙火於焉。殷繁輪蹄之所，輻輳莫不齋心，肅慮致禮，加處斯亦。慈氏之弘規，而法門之傑構矣。夫旨窮六度，首以仁義為宗諦，演三乘多證善惡之果，宣昭覺路，引導迷津，亦有裨於人心，不無關於世教。今茲重新梵宇更續禪燈，上為慈闈祝釐，下為兆民祈福，營建之意寔在於斯」。〔註37〕皇帝多次駕幸隆興寺，康熙七年（1668）十月十七日皇帝巡幸畿輔，駕幸隆興寺；四十一年（1702）皇帝駕幸五臺，二月十七日返回，住龍興寺，瞻禮大悲菩薩；四十九年（1710）皇上巡幸五臺，二月十六日返回，再次住隆興寺，瞻禮大悲菩

〔註36〕 清《敕建隆興寺志》，《羅氏雪堂藏書遺珍影印》（八），全國圖書館文獻縮微複製中心，第350～354頁。

〔註37〕 清《敕建隆興寺志》，《羅氏雪堂藏書遺珍影印》（八），全國圖書館文獻縮微複製中心，第360～361頁。

薩。乾隆十一年（1746）皇上奉皇太后懿旨巡幸五臺，十月初四日返回住隆
興寺，瞻禮大悲菩薩；十五年（1750）九月初八日皇上巡幸河南，再次奉皇
太后懿旨瞻禮大悲菩薩。為了方便皇帝巡幸時居住和禮佛，清康熙時期在寺
院右側還修建行宮。可惜現在康熙、乾隆時期修建的行宮已無存。

　　隆興寺自宋朝重建大悲閣（天寧閣）和重鑄大悲菩薩像以來作為皇家寺
院，及至元明清時期，大都（北京）作為都城，成為政治、經濟、文化發展
中心，而正定作為交通要道和京畿重地，佛教得到進一步的發展，龍興寺至
清改名為隆興寺，大悲閣也稱佛香閣，從元到清統治者和僧人、信眾等多次
出資重建和維護破損的建築，並增建不少建築，使得隆興寺保存至今。這是
一座千年古剎，也是一座古代文化藝術寶庫，寺院裏每一件文物、遺存建築
等都是一顆顆明珠，是古代勞動人民的智慧的結晶，彰顯了我國歷史歷史文
化的博大精深。而涉及到歷朝歷代寺院的僧人又成為研究中國佛教史和河北
佛教對外交往的重要資料。

2、龍興寺摩尼殿明代壁畫遺存

　　元明清龍興寺（隆興寺）都得到不同程度重修和增建，現存的摩尼殿是
宋代著名的建築，元代、清代也有過大修，元明清三朝統治者給寺院賞賜銀
兩、絹帛、御抄和御刻經書等。清代摩尼殿還存在「金裝佛一尊，金裝菩薩
二尊，迦葉一尊，阿難一尊，梵王一尊，帝釋一尊，四門牆彩畫二十四尊，
四面牆彩畫釋氏源流，東牆彩畫西方勝景，西牆彩畫四十八願，背後五彩懸
山一座，五彩觀音一尊」。〔註38〕殿內的觀音像在明清進行裝彩，殿內的壁畫
是明代的作品，清代進行過補修和妝鑾。「西方勝景」指西方淨土變，而「四
十八願」指阿彌陀佛四十八大願。

　　摩尼殿壁畫題材各異，太子出四門、佛傳故事、出家苦修、降魔變、淨
土變、二十四尊天等內容，繪畫風格、技法獨具特色、色彩鮮明、人物形象
生動。有學者認為「摩尼殿壁畫在內容形式即製作上繼承了唐宋以來的傳統
方法，……用色以青綠、朱砂為主，兼用赭、白，色調對比熱烈、飽和，造
像為漢傳佛教形象，畫法近工筆重彩。繪畫風格樸實生動，融合了傳統佛教壁
畫創作的恢宏蕭穆，民間繪畫的鮮活風貌及明代文人畫的古雅秀潤。」〔註39〕

〔註38〕清《敕建隆興寺志》，《羅氏雪堂藏書遺珍影印》（八），全國圖書館文獻縮微
　　　　複製中心，第392～393頁。
〔註39〕倪春林《河北正定隆興寺摩尼殿壁畫藝術特徵初探》，《美術》2016年第8期。

　　摩尼殿的繪面面積「現存 422 平方米〔註40〕，壁畫惟妙惟肖，畫工精細。由於採用了瀝粉貼金〔註41〕，整個畫面豔而不俗，富麗堂皇，光彩照人，大殿四抱廈繪有佛教『二十四尊天』，其中東抱廈南牆繪製的第十五尊天──『鬼子母』尤其令人注目」。〔註42〕

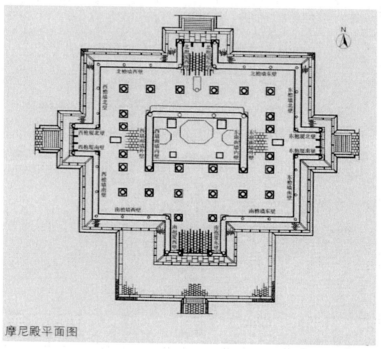

摩尼殿平面图

來自倪春林《河北正定隆興寺摩尼殿壁畫藝術特徵初探》（圖3）

　　摩尼殿四抱廈分別繪製二十四尊天，北抱廈西壁僅存羅睺羅尊天，其他

〔註40〕祁英濤等先生《摩尼殿壁畫揭取、修復的技術操作》一文記載，壁畫原面積為 528 平方米，1984 年時尚存 422 平方米。劉友恒等《隆興寺摩尼殿壁畫初探》（上）提及原有壁畫面積為 388.64 平方米，現存 335.06 平方米。

〔註41〕瀝粉貼金，也稱瀝粉堆金，是壁畫的敷彩技法之一，即在主體的粉線、粉點上貼金，在敦煌壁畫中有較多使用。敦煌民間傳統用牛膠合熟石膏如泥，裝入防潮的皮囊內，口接一細管，用時面壁擠壓皮囊，粉從管出，繪成圖案，稱瀝粉。待粉乾透，再塗膠水於瀝粉線紋上，貼以金箔，即成瀝粉堆金。此方法始於五代，在敦煌曹氏家族的供養像上，尤喜用瀝粉堆金表現婦女身上的裝飾，敦煌西夏時期的壁畫也使用，敦煌第 428 窟供養人頭上的鳳冠、胸前的珠串等使用瀝粉堆金，山西元代的永樂宮、明代北京的法海寺壁畫都使用瀝粉堆金，豐富了裝飾藝術的效果。

〔註42〕武英偉、武威振編著：《正定大佛之城》，石家莊：河北美術出版社，2008 年，第 37 頁。

無存。西抱廈南壁繪韋陀尊天、功德尊天、辯才尊天；北壁繪準提尊天、月
宮尊天、另一尊天不清。東抱廈北壁繪大力尊天、兜率陀天、日宮尊天，保
存不如南壁。南壁繪畫保存最為完好，中間繪鬼子母天，東面的金剛尊天，
西面的大悲尊天。壁畫中描繪的鬼子母已不是惡鬼夜叉的形象，而變為慈愛
母親的形象，和善可親，左執蓮華，右手輕撫孩童，而孩童則張開雙臂好像
撲向母親的懷抱，形象地描繪了母子見面的場景。如《摩訶摩耶經》所言：

> 又彼鬼子母，恒噉於人兒；以佛憐愍故，藏其子不現；憚惶競求覓，
> 莫知所在處；回來問世尊，求示子所在；如來以方便，即事反詰之：
> 「汝自念子故，馳走急求覓；云何無慈心，恒噉他人兒？恕己可為
> 譬，勿殺、勿行杖；若能改此心，汝子今可見。」其聞是語已，慚
> 喜頭面禮；亦兼為子故，合掌白佛言：「從今盡形壽，捨離貪害心。」
> 即前受五戒，乃至得道果；如彼鬼子母，自愛其子故，廣及於他人，
> 究竟永斷殺。〔註43〕

鬼子母受到佛陀度化，棄惡從善，成為小孩的保護神。鬼子母的形象在繪畫
中也發生了很多變化。如失譯人今附西晉錄《佛說鬼子母經》主要講述佛陀
如何度化食人子作惡的鬼子母皈依佛教，受五戒的故事。

摩尼殿左面鬼子母尊天、右面大悲尊天（圖4）

〔註43〕（蕭齊）釋曇景譯：《摩訶摩耶經》卷上，《大正藏》第12冊，第383號，第
1006頁中欄07。

　　摩尼殿內槽壁畫以西方淨土變和東方淨土變規模宏大，內容豐富，人物生動。東牆繪西方淨土變，阿彌陀佛居中，左右兩側應為觀音和大勢至菩薩，西方淨土變氣勢宏大，反映了西方淨土的美妙殊勝的境界。

摩尼殿西方淨土變（圖5）

　　內槽西牆繪東方淨土變的場景，而據《敕建隆興寺志》記載「西牆彩畫四十八願」，依然與西方阿彌陀佛信仰有關。可實際上，根據劉友恒等學者的考證，在西牆彩畫「四十八願」中沒有找到相應內容，認為「佔據中心大部分畫面的是並稱為『東方三聖』的藥師佛及脅侍菩薩——日光菩薩、月光菩薩，均結跏趺坐於華美的須彌座上，身後飾火焰身光、頭光。藥師佛居中，面向方圓，身著紅色袈裟……兩旁的日光菩薩、月光菩薩均頭戴花冠，面龐豐腴，飾耳璫腕釧，瓔珞遍體，內側掌心向上，自掌心飄起的雲朵上起升日輪、月輪。」〔註44〕西壁的東方淨土變的規模雖不及西方淨土變的場面，東西牆兩鋪淨土變相對，充分展示了當時信眾對於淨土的信仰。

―――――――――――

〔註44〕劉友恒、郭玲娣、樊瑞平：《隆興寺摩尼殿壁畫初探》（上），《文物春秋》2009年第5期。

東方淨土變中的藥叉（圖6）

　　摩尼殿主尊東扇面牆內壁繪文殊菩薩和十二圓覺菩薩像；主尊西扇面牆內壁繪八大菩薩。

　　簷牆內的壁畫主要講述的佛傳故事，其中東牆北段和南段繪太子娶妻、宮廷生活及出四門遊歷情景，有樹下觀耕，遇見老、弱、病、死，有太子逾城出家、告別車匿等畫面。南牆東端主要描繪禪河沐浴、覺悟和降魔的內容。西牆南北段主要描繪降伏毒龍、文殊問疾、雙林涅槃等內容。北牆西段主要描繪金棺自舉、聖火自焚、起塔供養等內容。

　　由於年代久遠，摩尼殿的壁畫也存在起甲（顏料層翹起）、酥城、顏料層脫落等病害，這既有損於壁畫的美觀，也嚴重的侵蝕壁畫，造成脫落。2012年受河北省文物局、正定縣文保所等委託，依託敦煌研究院的「國家古代壁畫與土遺址保護工程技術研究中心」組織研究人員進行了現場勘查及維修方案設計等工作，2014年上報國家文物局獲批，2016年正式開始維修工作，「經過裂縫填補、起甲修復、灌漿加固、錨杆補強、加固或更換木龍骨等一系列

修復加固公益的實施，較圓滿的完成了摩尼殿四周簷牆及內槽東扇面牆壁的壁畫修復工作，及內槽背部五彩懸山部分工作。」〔註45〕

2018年摩尼殿東方琉璃淨土變修復後照片（圖7）

2018年修復後的淨土變（圖8）

〔註45〕 馬育敏：《正定隆興寺摩尼殿壁畫修復記實》，《古建園林技術》2017年第3期。

總之，摩尼殿是集古代佛教建築、壁畫、塑像於一體的寶貴的佛教文化遺產，儘管隆興寺摩尼殿壁畫的修復後取得了一定成效，但是壁畫有非常明顯修復痕跡。所以我們更要珍惜先人留給我的寶貴的文化遺產，保護好利用好這些非常寶貴的資源，學者們更應該充分利用這些資源進行研究，使我們的佛教文化遺產得以更好地延續下去。

3、隆興寺之戒壇

自曇摩伽羅在洛陽譯出《僧祇戒心》以來，始依法正學宗，立十僧受戒，視為東土戒律之先，中國漢地依律傳戒。然而卻「自有明中葉，封閉戒壇，尸羅軌則，幾不可聞，不唯學戒之法久廢。而式叉名義，亦罔聞知，至謂未剃髮閨女，求受五戒者，為式叉摩那。以訛傳訛，至今不改」，〔註46〕明朝中期封閉戒壇，戒律鬆弛，僧尼雖想求戒，但處於以訛傳訛的局面。經過明代一些高僧的努力弘揚戒法，萬曆皇帝時延慶古心如馨赴五臺山傳戒，結束了之前封閉戒壇的禁令。北方重要的臨濟宗寺院延慶寺創建於明萬曆年間，自初建寺院開始每隔 12 年舉辦一次龍華法會，明王朝「欽命」，清代「賜傳」延續，一直到抗戰時期結束。明末清初在漢月法藏等諸位僧人的努力，三壇大戒開始流行，清初廣濟寺、潭柘寺和法源寺都開壇傳戒，弘傳律法。距離京城不遠的正定隆興寺也修建戒壇，始建於明朝，隆興寺也曾開壇傳戒，現在依然保存其遺跡。

現存隆興寺戒壇之上有一尊銅鑄雙面佛像，是明孝宗弘治六年（1493）鑄造的，南面為阿彌陀佛，北面是藥師佛，二佛背靠背而坐。在藥師佛下正中有陰刻銘文「大明弘治六年（1493）真定縣滹沱河南古城村善女呂氏，諱旺謹造」。可知，戒壇和現在戒壇上面的佛像不是一個時期的，戒壇屬於明代官方修建，而塑像是民間善女所造。可以確定戒臺上的佛像大概也是從他處搬來。這尊雙面像的鑄造非常有意義，充分表現了了明代信眾的淨土信仰。

淨土信仰包括西方阿彌陀佛淨土、彌勒淨土、東方藥師淨土和十方淨土等。阿彌陀佛代表西方淨土信仰，而藥師佛則代表了東方藥師淨土的信仰。

西方淨土信仰宣揚快速成佛，只要稱誦佛名號即可成佛，獲得諸多好處。或僅聽聞阿彌陀佛、觀音、大勢至菩薩名號就有減罪的功效。淨土信仰強調

〔註46〕（清）儀潤證義：《百丈清規證義記》卷 7（上），《卍新續藏》第 63 冊，第 1244 號，第 481 頁下欄 12。

信眾通過自身內因（念誦佛號）和佛的願力可往生淨土，無須向其他宗派提倡的那樣必須經過累世修行才可成佛，也無須煩瑣的修行儀式。故此《阿彌陀經要解》曰：「若有善男子、善女人，聞說阿彌陀佛，執持名號，若一日、若二日、若三日、若四日、若五日、若六日、若七日，一心不亂，其人臨命終時，阿彌陀佛與諸聖眾，現在其前；是人終時，心不顛倒，即得往生阿彌陀佛極樂淨土。……善男子、善女人者，不揀在家、出家，不論貴賤、老少，亦復不拘六趣、四生，但得聞佛名者，即是多劫善根成熟，即五逆、十惡亦皆名善男女也。聞說阿彌陀佛即聞慧，執持名號即思慧，一心不亂即修慧，阿彌陀佛是萬德洪名。以名召德，罄無不盡，故即以執持名號而為正行，不必更涉觀想，參究等行，至簡易、至直捷也。」〔註47〕

而《藥師經》宣講藥師琉璃光佛發十二大願，令眾生所求皆得救眾生之病源，治無明之痼疾，除「九橫死」之厄難，以及燃燈續命。燃燈、懸幡和治病解難法是藥師淨土與其他淨土不同之處，增添了濃厚的現世特色。藥師淨土的主旨思想正如《佛說藥師如來本願經》序言所說：「藥師如來本願經者，致福消災之要法也。曼殊以慈悲之力請說尊號，如來以利物之心盛陳功業，十二大願，彰因行之弘遠。七寶莊嚴，顯果德之純淨。憶念稱名則眾苦咸脫，祈請供養則諸願皆滿。至於病士求救，應死更生。王者攘災，轉禍為福。信是消百怪之神符，除九橫之妙術矣。」〔註48〕故凡是「無救、無歸、無醫、無藥、無親、無家」者，只要供養藥師如來就可以一切如願。這正是隨求樂求，一切皆遂，求長壽者得長壽，求富饒者得富饒，求官位得官位，求男女得男女。藥師佛以除怖、療疾、解難、延壽等宣說吸引廣大信眾。藥師信仰宣傳消災、除病、增福和延壽等現世利益，人們希望通過藥師信仰達到去病長壽，免遭地獄之苦；希望通過西方淨土信仰作為未來生命的歸宿，淨土信仰是人們祈福消災，寄託美好願望的安慰。

正定隆興寺的彌陀和藥師雙面像正體現了當時信眾信仰佛教的願望之所在，希望在現世和來世都能得到神靈的護祐和救度，在現世免遭各種苦難，命終之後能夠往生淨土。

〔註47〕（明）智旭解：《阿彌陀經要解》《大正藏》第 37 冊，第 1762 號，第 371 頁上欄 16。

〔註48〕（隋）達摩笈多譯：《佛說藥師如來本願經》，《大正藏》第 14 冊，第 449 號，第 401 頁上欄 05。

雙面佛像之阿彌陀佛（圖9）

雙面佛像之藥師佛（圖10）

雙面像的側面（圖 11）

　　大悲閣再往北是彌陀殿和龍泉井亭，至於彌陀殿的修建年代存在不同說法，一說建於明正德五年（1510），殿內的彌陀像是明代泥塑金妝；一說為清初期補建。

彌陀像（圖 12）

在隆興寺中軸線的末端是毗盧殿。毗盧殿是明萬曆年間（1573～1620）原建正定崇因寺的主殿，後崇因寺被毀，1959 年遷建於隆興寺，殿內須彌座上有銅鑄的千佛繞毗盧像，銅像由三層蓮座，三層佛像擺置而成。每層蓮座上端坐世尊頭戴五佛冠的毗盧佛，也是從崇因寺遷來。崇因寺的毗盧像是明萬曆皇帝和其生母御製佛像。

維修加固之中的崇因寺藏經樓（圖 13）

正定崇因寺藏經樓（圖 14）

崇因寺位於正定北門裏街南側路西，曾是正定八大寺之一，與隆興寺皆為敕建寺院，規格高，備受明清皇室的青睞。崇因寺的興盛與萬曆皇帝和其

母李氏的支持密不可分。李太后,「神宗生母也,漷縣人。侍穆宗於裕邸,隆慶元年（1567）三月封貴妃,生神宗。即位,上尊號曰慈聖皇太后」,〔註49〕神宗母好佛,被尊為九蓮菩薩,「九蓮菩薩者,神宗母,孝定李太后也。太后好佛,宮中像作九蓮座」,〔註50〕神宗因母崇重佛,他們修建寺院和鑄造佛像,維護佛教的地位。崇因寺在明朝得到統治者的護持,賜額「護國崇因寺」,成為香火鼎盛,僧徒雲集的宗教場所。儘管崇因寺得到明代皇室的護持,但清朝初年還是衰落,乾隆皇帝於四十六年（1781）、五十一年（1786）和五十七年（1792）三次親臨崇因寺,見到寺院荒蕪,經幢毀壞,下令重新修葺崇因寺使之煥然一新,再次使得崇因寺香火興盛。崇因寺著名的佛殿有無梁殿、天王殿、毗盧殿和藏經樓。隨著民國軍閥混戰,國弱民窮,崇因寺逐漸衰落破敗。二十世紀九十年代因為修建公路,將崇因寺一分為二,現僅僅保存明代的藏經樓。原崇因寺門口的一隊石獅子被安放在天寧寺保存,毗盧殿是崇因寺的主殿,殿內供奉毗盧佛,1959 年毗盧殿和毗盧佛被遷建或遷置隆興寺。僅存的藏經樓二層,也已非常破舊,現在正定一學校院內。

隆興寺的毗盧殿（圖15）

〔註49〕（清）張廷玉等撰:《明史》卷114《后妃傳》（二）,北京:中華書局標點本,1974 年,第 3534 頁。

〔註50〕（清）張廷玉等撰:《明史》卷120《諸子列傳》（八）,北京:中華書局標點本,1974 年,第 3659 頁。

千佛繞毗盧（圖16）

4、碑銘與經幢

在隆興寺大悲閣的前面兩側是轉輪藏閣和慈氏閣，在大悲閣前面甬道上的東西兩邊是康熙御碑亭和乾隆御碑亭。在大悲閣的東西兩邊還曾有耳閣，東邊的耳閣明代稱御書閣，清代稱御書樓。西邊的耳閣明代稱舍利閣，清代稱集慶閣，現在東西耳閣皆毀，僅存基址。

康熙五十二年（1713）御碑（圖 17）

清康熙五十三年（1714）王麟超丹書的《敕命重修隆興寺碑》（圖 18）

乾隆四十五年（1780）御碑（圖19）

清雍正十二年（1734）康熙帝第十七子果親王允禮撰碑銘（圖20）

清嘉慶十六年（1811）《嘉慶御碑》（圖 21）

除了康熙、乾隆等御碑外，現隆興寺北面還有夢堂和尚經幢，經幢立於明嘉靖三十六年（1557），經幢最下層是八角形石基座，上置八角形几案式幢座，再上為八角形須彌座，束腰轉角處雕刻有力士，各面雕刻獸首，都已風化漫漶不清。再上面是雙層蓮華座，蓮華座上是八棱柱形的幢身，南面正面陰刻大字幢額，「奉為師祖惺宗□□夢堂和尚，敬造□□□□□□」，幢額上雕刻「唵嘛呢叭咪吽」六字真言和《大佛頂首楞嚴神咒》，後有對夢堂和尚讚美詩。1964 年經幢傾斜，在原處維修時，在經幢基座內發現袈裟、拂子、念珠和一些元、明的錢幣等。〔註51〕《敕建隆興寺志》對夢堂和尚有載：

> 師本籍晉州東宿村范全子，生十二歲入洪福寺為僧，法名惺宗，嚴
> 戒持律，廣遊叢林，師剛公沒，廬墓三年。母高氏沒，廬墓千日。
> 投竹林清涼寺燃指供佛，住龍興寺，重修摩尼各殿並淨業堂。工書
> 法，遊伏牛、明月各山，手寫《法華》《金剛》《彌陀》《藥師》等經

〔註51〕 參見劉友恒：《隆興寺內的兩座經幢》，《文物春秋》1997 年第 3 期。

二十部,又以巨船自江南報恩寺印「大藏經」存貯隆興寺。他如石
岩寺觀,修建無算,至其遇猛虎不傷,鶴旋、牛伏、花墜、光沖,
種種異事,碑載詳明。乃道行之高,有以感動造物也。其行寔,磚
塔在龍泉亭西,經銘石塔,在藥師殿西,俱高二丈五尺。〔註52〕

明嘉靖三十六年(1557)夢堂和尚經幢(圖22)

在隆興寺的東面還存在一個碑亭,保存不同時期的一些碑銘,有的碑銘不是
隆興寺原碑,而是從其他地方遷至於此,有現在從文廟等地搬遷至此,也有
清朝時從他處搬遷到隆興寺的,現隆興寺內保存金世宗大定二十年(1180)建
立的經幢是康熙時期移至寺內的。這些碑刻內容豐富,涉及不同方面,是研
究正定佛教、名人和其他內容等珍貴資料。

―――――――――――――――

〔註52〕 (清)王發枝撰:《敕建隆興寺志》,《羅氏雪堂藏書遺珍影印》(八),全國圖
　　　　書館文獻縮微複製中心,第455～456頁。

元代延祐四年（1317）碑銘（圖23）

元（後）至元四年（1338）真定路學樂戶記（從文廟遷至此）（圖24）

隆興寺碑廊（圖 25）

隆興寺傳戒碑（圖 26）

大宋真定府隆興寺幢柱（圖27）

重修御書樓、集慶閣碑銘（圖28）

往生淨社真言碑（圖 29）

《華嚴經》（80 卷）偈誦碑（圖 30）

《涅槃經》偈語碑（圖31）

佛名碑（圖32）

陀羅尼經幢（圖 33）

元延祐七年（1320）十方東天寧寺圓公塔銘（圖 34）

元延祐五年（1318）重修長明燈碑記（圖35）

《知府劉公民瞻功德碑》（圖36）

光緒二十年（1894）重修觀音寺碑（圖 37）

民國九年（1920）正定王氏雙節祠碑
（王士珍為其母建祠之際所立，從他處遷至此）（圖 38）

正定隆興寺從隋朝建立，經歷唐、五代、宋、元、明、清的發展，期間不同朝代皆有修葺和完善，但現存的佛教建築以宋代為主，壁畫以明代為主，如著名的摩尼殿、轉輪藏典、大慈閣以及摩尼殿內保存的精美壁畫等，元明清時期正定作為重要的交通要道和京畿重地，尤其清代的康熙、乾隆等皇帝親臨正定，敕賜寺額，修葺寺院，使正定佛教在元明清三朝得到長足的發展，至今遺存有豐富的佛教文化建築、碑銘和壁畫等等。他們既見證了當時佛教的輝煌，也為後世留下了寶貴的佛教建築、藝術資源。著名建築學家梁思成曾四次造訪正定，考察佛教寺院和建築，把隆興寺視為河北重要的寺院之一，摩尼殿被視為隆興寺現存諸建築中最大最重要的建築。可以說正定隆興寺是一部正定佛教發展的歷史，保存豐富的各個時代的佛教文物遺存，是研究河北佛教乃至中國佛教發展歷史必不可少的資料。

（四）毗盧寺及其文化遺存

1、毗盧寺簡介

除了正定隆興寺摩尼殿保存豐富的明代壁畫外，石家莊毗盧寺以保存豐富的明代壁畫而著名。毗盧寺在石家莊市西北郊上京村，現為全國及河北省重點文物保護單位。

毗盧寺，又稱毗盧禪寺，據《正定縣志》卷 15「寺院」有「毗盧寺在城西，唐天寶（742～756）〔註53〕中建」的記載，距今已有千餘年的歷史，孫啟祥等學者在 1979 年對毗盧殿進行整修，在毗盧佛下面長方形的須彌座內，清理出一尊漢白玉的無頭立佛像，……身穿早期佛像常採用的通肩袈裟，完全是褒衣博帶的中國化服飾。從這尊立佛像的雕刻技法、服飾特點分析，完全是唐代的特點。〔註54〕從佛像特徵分析也驗證了史料的記載。

根據毗盧寺的重修碑和後殿石供桌前的重修題刻記載，該寺在宋宣和二年（1120）、遼乾統元年（1101）、金大定二十六年（1186）、承安二年（1197）、元至正二年（1342）、明洪武、永樂、宣德、正統、景泰、天順、成化、弘治、嘉靖和清乾隆時都曾重修過。〔註55〕儘管毗盧寺在宋、遼、金、元、明、清

〔註53〕《毗盧寺的歷史與傳說》一書記載明萬曆四十八年（1620）所立《祝延聖壽》碑記載，毗盧寺始建於漢代。1974 年曾挖出一塊方磚，上刻「創建自漢時」，可惜方磚佚失不存。

〔註54〕孫啟祥：《毗盧寺創建年代、壁畫繪製年代略考》，《文物春秋》1994 年第 2 期。

〔註55〕陳耀林：《毗盧寺和毗盧寺壁畫》，《美術研究》1982 年第 1 期。

朝都有不同程度的修復，而明代對於毗盧寺的修葺用功時最多，說明到明代時毗盧寺發展極為興盛，基本得到明代歷代統治者的護持。

根據明弘治十二年（1499）重修毗盧寺碑碑陰記載，毗盧寺屬於臨濟禪宗的法脈，其傳承法系是「智慧清淨，道德圓明；真如妙（性）海，執（寂）照普通；心源廣緒，本覺常隆；能仁勝果，長遠寬鴻；衛傳法印，徵伍會榮（蛹）；堅持戒定，永段宗祖」，〔註56〕明弘治時期傳至「通」字輩，嘉靖三年（1524）道住被推舉為毗盧寺的住持，道住任住持期間，毗盧寺得到大規模的修葺，規模也達到最大。

而現在流行的臨濟宗演派字譜：（二十五世碧峰下第七世突空智板禪師演派十六字，「智慧清淨，道德圓明；真如性海，寂照普通」。（五臺、峨眉、普陀前寺續演三十二個字）「心源廣續，本覺昌隆；能仁聖果，常演寬宏；惟傳法印，正悟會融；堅持戒定，永繼祖宗」。〔註57〕《禪門日誦》所記臨濟宗演派字譜與毗盧寺碑陰所記內容基本一致，僅存在個別字的差異。目前這四十八字譜是諸方臨濟派都依此進行演派。可見，當時的毗盧寺與正定的臨濟寺、趙州的柏林禪寺有著密切的關係。

在道住時期，毗盧寺得到「革故鼎新」的徹底修繕，弘治十八年（1505）《重修大毗盧寺功跡圓滿慶贊碑記》記載了信眾們各發虔誠，施捨資財用於寺院的重建，並記載了從事修建的工匠等。嘉靖十四年（1535）《重修毗盧禪寺碑記》記載了道住募緣修寺的情況，修建完成的毗盧寺有前殿三間，中塑釋迦佛一，阿難、迦葉二，棟施五彩，壁畫十地。後殿三間，中塑毗盧佛一，菩薩二……天寶殿三間，伽藍堂一座，祖師堂一座，皆因舊重修，還修建了鐘樓、鼓樓，淨業堂五間，東樓三間，西櫥庫五間……還有淨田二頃十一畝，蔬圃五十畝以及種植各類樹木等。修葺工程始於弘治乙卯八年（1495），完成於嘉靖乙未十四年（1535）。可見，毗盧寺的規模在明代達到鼎盛。清乾隆時期還曾修繕寺院，隨著年代久遠和天災、人禍等，寺院逐漸衰落。吳建功在《中國壁畫不可多得的藝術瑰寶——毗盧寺壁畫》一文中講道：

> 自清乾隆十七年（1752）以來，由於天災人禍，加之年久失修，特
> 別是民國初年連年兵戎戰火，毗盧寺殿宇毀壞嚴重。據當地老人回
> 憶，共和國建國前夕，寺院總面積還有 60 餘畝，寺內建築尚有天王

〔註56〕陳耀林：《毗盧寺和毗盧寺壁畫》，《美術研究》1982 年第 1 期。

〔註57〕柏林禪寺編印：《禪門日誦》（內部資料），第 485～486 頁。

殿、前殿、毗盧殿、鐘樓、鼓樓、禪堂等 7 座殿宇,寺廟西邊是僧
侶的塔碑墓地,整個寺院圍牆高大雄偉。1948 年當地土改運動開始,
寺裏僧人被要求還俗回家或改從他業,寺院土地分給了村裏的社員。
二十世紀五十年代,開挖石津灌渠時,灌渠正好斜切寺院山門而過,
遂將天王殿等拆除,自此,四大天王神像不復存在。毗盧寺長方的
建築格局被斜切成梯形,山門改至東南角。1965 年,在「破舊立新」
的口號下,包括上京村西閣、魁星閣、龍王廟、觀音廟、關帝廟在
內等大小十幾座寺廟被人為拆毀,至今僅存一座殘缺不全的毗盧寺
和一個重修初建的三教祠……當地幹部群眾奮起據理力爭進行阻攔。
為保護文物,他們把釋迦殿、毗盧殿作為大隊倉庫,標明「倉庫重
地,閒人免進」,不許「造反派」進入,才使毗盧寺壁畫逃此一劫。
〔註58〕

根據吳建功的記載,解放前毗盧寺基本完好,而現僅存山門、釋迦殿(明代
修建)、鐘鼓樓和和毗盧殿(明代修建)以及明清重修寺院碑銘等。幸好毗盧
殿的壁畫得以保存下來,可與敦煌壁畫、山西永樂宮等地壁畫相媲美,是古
人留給我們珍貴的文化遺產。1982 年毗盧寺被列為省級重點文物保護單位,
1996 年被國務院列為全國重點文物保護單位。目前,毗盧寺在文物保護和利
用方面繼續努力,取得不少成績。

2、毗盧寺壁畫

毗盧寺最為著名的應該是釋迦殿和毗盧殿保存的明代壁畫。毗盧殿作為
寺院的主殿,殿內的壁畫最為精美,保存也非常完好,壁畫性質具有水陸畫
的特徵。毗盧殿「四壁共有 500 多個大小不同的神像人物,又分為 120 多個
小組合,每組旁有名號榜題,一目了然。諸神上下交錯,分成三層,下層神
像高約 1 米,水平對視。中、上層依次減小,多為大半身,主次分明,層次
井然有序。」〔註59〕

毗盧殿後殿北壁門兩側,分成東、西兩壁,壁畫內容以帝釋、梵天圖為主。
北壁西側從右至左,依次為大輪明王威德自在菩薩、大笑明王虛空藏菩

〔註58〕 吳建功:《中國化不可多得的藝術瑰寶──毗盧寺壁畫》,《中國美術》2011
年第 1 期。
〔註59〕 金維諾主編:《河北石家莊毗盧寺壁畫》前言,石家莊:河北美術出版社,2001
年。

薩、降三世明王金剛壽菩薩、焰鬘王文殊菩薩、帝釋天主等眾、廣目天王、
增長天王、摩利支天、金剛密跡等眾、十六高僧等眾、毗沙大羅利天、毗沙
大羅利天后。毗沙大羅利天后上方為菩提樹神、訶利帝母、天龍八部等眾、
十二圓覺菩薩、天主等眾、娑迦龍天、韋陀尊天。

摩利支天（圖39）

毗沙大羅利天（圖40）

密跡金剛等眾（圖41）

北壁東側自左至右為：無能勝明天地菩薩啊、甘露軍吒明天、阿彌陀佛、不動尊明王、除業障菩薩、馬首明王、觀世音菩薩、步擲明天、普賢菩薩，梵王等眾、持國天王、多聞天王、金剛等眾、玉皇大帝、南斗六星、十二元辰、十六高僧、天龍八部、天主等眾、欲界四空天眾、色界四禪天眾、十迴向菩薩、十二宮辰等。壁畫中四大天王分列北壁兩側，一側畫廣目天王、增長天王；一側畫持國天王、多聞天王，其他如天龍八部、十六高僧、十二元辰、二十八宿等也都分繪兩壁。

大笑王菩薩（圖 42）

天龍八部（圖 43）

毗盧殿北壁東側壁畫（圖 44）

　　後殿東西兩壁之東壁繪南極長生大帝、扶桑大帝、玄天上帝、天妃聖母、清源妙道真君、地藏王菩薩、大德菩薩、鬼子母、地府三曹、十代名醫等，共 130 多身。

　　西壁繪北極紫薇大帝、巨半拏等眾、五湖龍神等眾、曠野大將等眾、四瀆龍神等眾、崇寧護國真君等眾，共 140 多身。

巨半拏等眾（圖 45）

大德菩薩（圖 46）

天妃聖母（圖 47）

地府三曹（圖 48）

北嶽西嶽等眾（圖49）

崇寧護國真君、四瀆龍王等眾（圖50）

五湖龍王等眾（圖 51）

　　南壁因門也被分成二鋪，以世俗人物為主。東側繪引路王菩薩、往古帝王文武官僚、為國亡軀忠臣烈士、九流百家一切街市內、仇冤報恨等，共 80 多身。西側繪有然鬼王、城隍土地等眾、往古賢婦烈女后妃、宮人女官以及九橫死等，共 60 多身。

古宮人女官（圖 52）

前門的門道東側畫十六觀中的前八觀，西側繪佛、菩薩等。金維諾主編的
《河北石家莊毗盧寺壁畫》小冊子，主要收錄幾幅關於道教人物和世俗人物，
而佛教內容基本沒有收錄，而《毗盧寺壁畫》一書收錄壁畫內容比較全面。

根據毗盧寺管理處的宣傳冊內容，毗盧寺的壁畫有三個特點，第一，壁
畫的內容非常豐富，包羅萬象。除繪有佛、道、儒三教的諸神祇外，還有反
映當時社會風俗化和往古人物。每個神祇和人物都富有寓意或有一篇神話及
傳說。充分體現出中華民族幾千年傳統文化的豐富多彩，博大精深。第二，
繪畫技巧精湛多樣，描法豐富，線條類型齊全。各種人物通過畫工對不同線
條揮灑自如的運用和巧妙排列組合，成功地表現出人物飄舞的條帶，當風的
衣褶，身邊流動的彩雲，豐富而傳神的表情，鮮明而不同的個性。使畫面顯
得滿壁風動，人物形象栩栩如生。達到了靜中有動，動中有靜，呼之欲出，
飄然欲仙的極高藝術境界。運用做工精美的瀝粉貼金技巧，把武將的刀槍盔
甲、菩薩及神女的頭飾等凸出出來。使人物形象具有強烈的立體感。達到了

神形兼備,傳神而逼真的藝術效果。畫面也增加富麗堂皇,光彩耀目的美感。第三,壁畫保存程度好。牆的表面的平均一釐米厚的抹灰牆,非常平整,壁面堅固。壁畫上的畫歷經六個世紀的滄桑變遷,仍然保存完好,彩色豐富而和諧,至今還很鮮明,體現了古代勞動人民的聰明才智和高超的製作技術。〔註60〕毗盧寺壁畫的內容儒釋道融合、佛教人物與市井人物結合,人物眾多,表情豐富多彩,藝術特徵突出,充分展現了明代宗教信仰和人物的社會風貌等。

目前學界還對毗盧寺壁畫人物組合和壁畫繪畫繪製內容等進行考證,李翎在《水陸畫中的鬼子母圖像》中認為毗盧殿壁畫中鬼子母的組合與其他處有所不同,出現了鬼子母與菩提樹神的組合,這一組合可能源自《金光明經》。〔註61〕楊金萍等對於毗盧寺壁畫中涉醫圖像進行考辯討論,佛教水陸壁畫中有較多的涉醫圖像,壁畫中的醫家有不同身份,十代名醫及走方醫等被超度的「往古人倫」類,從醫學的角度反映了古代醫祀三皇制度、醫者的地位、走方醫之俗醫特點。「十代名醫」圖像為元代醫祀三皇制度中從祀的十大名醫,而服飾中有眼睛標誌及持串鈴者顯示為走方醫的特身份;「五瘟使者」圖像揭示了道教、佛教信仰與瘟疫的流行及四時溫病理論之間的密切關係;「墮胎產亡」除反映冤死業報外,還展現了古代婦人產蓐過程、浴兒風俗以及婦人診病禁忌,反映了古代醫療水平、接生條件;溫疫流行、寒暑失節、難產墮胎、蟲蛇咬傷、水溺火焚、誤死針醫,反映不同的致病因素。水陸壁畫中的涉醫題材,為醫學史及醫學文化史的研究提供了豐富而生動的圖像資料。〔註62〕也有論文認為,毗盧寺的壁畫的畫風與元代永樂宮《五聖朝元圖》、宋代武宗元《朝元仙仗圖》、唐吳道子的《五聖朝元圖》的畫風是脈脈相承的,因而可以推斷毗盧寺壁畫畫風的源流可上溯吳道子的畫風。〔註63〕

毗盧寺壁畫是古代勞動人民創作的結晶,具有內容豐富,包羅萬象,儒釋道三教融合的特色,屬於民間水陸畫的範疇,繪畫技藝精湛、線描豐富、以瀝粉堆金突出立體感和形象感,壁畫畫面布局合理,人物眾多,層次分明,用色豔麗,顏料考究,藝術價值非常高,為研究各個朝代不同地區壁畫演變與

〔註60〕石家莊市毗盧寺管理處編:《毗盧寺》(宣傳冊)。
〔註61〕李翎:《水陸畫中的鬼子母圖像》,《吐魯番學研究》2017年第2期。
〔註62〕楊金萍等:《佛教水陸畫中的涉醫圖考》,《醫學與哲學》2017年第7A期。
〔註63〕馬天瑜:《石家莊毗盧寺壁畫畫風源流之研究》,2006年河北師範大學碩士論文,第17頁。

發展、多民族文化融合與創新、民間藝術與官方藝術等提供了極為珍貴的資料。

（五）趙州柏林禪寺的文化遺存

1、元明清對柏林禪寺的修建

元代趙州屬於真定府，「唐趙州，宋為慶源軍，金改沃州，元仍為趙州。」
〔註64〕元初時「舊領平棘、臨城、欒城、元氏、高邑、贊皇、寧晉、隆平、
柏鄉九縣。太祖十五年，割欒城、元氏隸真定。領七縣：平棘、寧晉、隆平、
柏鄉、高邑、贊皇。」〔註65〕明代趙州依然屬於真定府。清朝趙州為直隸州，
隸清河道，雍正二年，升直隸州。

歷史上柏林禪寺幾易其名，漢代建寺之初稱觀音院，歷魏晉隨唐，皆稱
觀音院，宋為永安院，宋元豐八年（1085）《大宋趙州永安院度僧記》記載：
「先均正議大夫天章閣待制扶風郡開國公仲甫，慶曆（1041～1048）中為太
常博士，以河北部使者薦請，通判趙州事，德望之重，冠於一時，政事大小，
無不畢舉。暇日遊佛寺，謁唐從諗禪師，訪其遺跡，而永安寺乃其故處也。
咸平初元（998），賜以太宗皇帝御書，歲度僧一人，中歲，有司省之。公於
是表敘先朝錫御書度僧，所以光昭禪師德美而寵及其後裔之意，願復度僧如
故，詔即從請實七年四月也，迨於今四十年矣。」〔註66〕

宋代保持「歲度一僧」的制度，契丹、女真族入主中原之地，繼續尊崇
佛教，到金朝改趙州為沃州，大定年間（1161～1189）改永安院為柏林禪院，
現柏林禪寺遺存金大定七年（1167）僧行滿撰《大金沃州柏林禪院三千邑眾碑
記》已稱柏林禪寺，並得到眾多邑人信眾的護持，「今有娑婆界中，大金境內，
河北西路沃州柏林禪院，自古興建，年代時久，真際禪師，崇修大殿，興於
梵剎，師此者傳達摩之心印，悟性空之因緣，息萬法之無言，入真空之旨趣。」
〔註67〕金代柏林寺院也成為律宗寺院，先後有智林、詮宗、昭公三位律師為
寺院住持。在詮宗時還率三千邑眾為其護法，寺院興盛一時。柏林禪院的發
展也迎來了一個較為鼎盛的時期。元代柏林禪院改為柏林禪寺，至今沿用此名。

〔註64〕（明）宋濂等撰：《元史》卷58《地理志》（一），北京：中華書局標點本，1976
　　　　年，第1357頁。

〔註65〕（明）宋濂等撰：《元史》卷58《地理志》（一），北京：中華書局標點本，1976
　　　　年，第1357頁。

〔註66〕明海主編：《柏林禪寺志》，鄭州：大象出版社，2015年，第503頁。

〔註67〕明海主編：《柏林禪寺志》，鄭州：大象出版社，2015年，第505頁。

　　蒙元的太宗、世宗、成宗、仁宗和文宗等皇帝皆與柏林禪寺有密切的因緣，護持寺院的發展。窩闊台時期革律為禪，柏林禪寺成為禪宗寺院，重新修葺柏林禪寺。《柏林禪寺志》記載了元代柏林禪寺的大護法有：陳時可、移剌馬奇、王玉、移剌麻捏、元世祖、元成宗、元仁宗、章閭、完真、王思廉、董士廉。〔註68〕此外，還應有窩闊台和乃馬真皇后等。可見，元代柏林禪院的興盛繁榮與皇室官宦的支持有著密切關係。這些繁榮同樣留下了歷史的痕跡，這就是至今立在寺裏的碑刻。它們雖歷經風霜雨雪，歷史滄桑變化，或以模糊不清，或以殘留不全，但它們是歷史的見證，是研究元代柏林禪院最好的材料。

　　明清柏林禪寺繼續發展，《增修寶林寺大慈殿記》記載了「州之僧正司設焉」，明成化年間（1465～1487）趙州僧正司設在柏林禪寺，不僅管理僧務，而且成為重修寺院佛塔、弘揚佛法利樂僧眾和執行法務的機構。明嘉靖十八年（1539）沙門興廉募緣重修真際禪師塔，並由真定天峰撰寫《重修柏林寺光祖真際禪師塔碑》介紹了元文宗天曆三年（1330）《特賜大元趙州古佛真際光祖國師塔碑銘》以來，年代深遠，歷經兵火，所建寶塔，已經失去往日的「耀古而輝今，掙雲而駐日」的風采。故此，寺僧興廉「留其意，募其緣以重修之，不一二年間，富貴者施其財，貧窮者用其力，士大夫喜其成，男女樂其化。一塔巍峨，七簷壯麗，使過客得以觀瞻，遊人得以作禮。所謂聚沙能成佛道，合掌已入聖流」〔註69〕的境界。明嘉靖丁未二十六年（1547）僧正魯峰本儒興志增建大慈殿，以保護佛像和從諗禪師之石刻寫真，免遭風雨侵蝕，嘉靖三十一年（1552）建成，有李時陽撰寫《增修柏林寺大慈殿記》。明穆宗隆慶六年（1572）僧無聲禪師修建萬佛庵、修藏經殿，設禪靜水齋，出粟布金，步拜燃指，願力非凡，遺存《趙州柏林寺無聲禪師重修藏經殿記》。隆慶五年（1571）寺僧永宰發心捐地，修建十方禪院，供養十方往來僧眾，並為往來五臺山禮佛、參訪聖蹟的僧人提供方便。另外，永宰禪師還修繕天王殿，以光大趙州古佛道場，竣工之後，僧正司潭印等於萬曆四年（1576）立《直隸真定府趙州僧正司柏林寺修崇十方禪院記文》。有明一代，在柏林禪寺設立僧正司，多次增建和重修寺院建築，使得柏林禪寺恢復往日的輝煌，

〔註68〕參見明海主編：《柏林禪寺志》，鄭州：大象出版社，2015 年，第 108～111 頁。

〔註69〕明海主編：《柏林禪寺志》，鄭州：大象出版社，2015 年，第 523 頁。

使得古佛道場得以中興發展。

　　清朝前期，國立強盛，雍正十一年（1733）為賜趙州古佛「圓證直指真際禪師」，親自御書「古佛寺」賜與柏林寺為額，並大興土木，重新修建柏林禪寺。雍正修建柏林禪寺的情況記錄在《趙州古佛寺碑》，雍正十三年（1735）重建工程基本結束，柏林禪寺規模宏大，從山門起，有五重大殿，鐘鼓樓，西側有趙州國師塔，東側有十方禪院。柏林禪寺還設有昭忠祠，以弔祭為國陣亡將士。乾隆出巡，曾三次住錫趙州，即乾隆十五年（1750）、四十五年（1780）和四十九年（1784），拜謁柏林禪寺，留有《趙州柏林寺小憩》《趙州道中作》《再題無袋子文武水》《憩趙州柏林寺》等詩句。清道光十七年（1837），趙州知州胡允植重修倒坐觀音堂，撰有《重修趙州柏林寺倒坐觀音堂碑》記述了世人信仰觀音的緣由。清朝中後期隨著戰亂不斷，柏林禪寺也遭受到很大破壞，寺院逐漸衰落下去。

　　柏林禪寺自建立以來，經歷唐末五代、宋、金、元，明、清千餘年的發展，高僧輩出，帝王敕封，臣民崇仰，幾經興衰，古佛常在。

2、柏林禪寺遺存碑銘

　　現收錄在《柏林禪寺志》中有幾通碑銘，對瞭解柏林禪寺的歷史和發展有十分重要的價值。即：

　　第一，《趙州重建柏林禪院碑》宋淳祐二年（1242）皇后為紀念窩闊台汗重建柏林禪院而立。此碑連額高 2.07 米，寬 0.8 米，龜趺，碑書行文 18 行，字徑 3 釐米，篆額字長 8.3 釐米，寬 6 釐米。

　　第二，《元聖旨碑》，元世祖忽必烈、元成宗鐵穆耳、元仁宗愛育黎拔力八達分別降旨於柏林禪院，並宣諭免收寺廟糧稅等，受聖旨恩澤保護而立。

　　第三，《渾源州永安禪寺第一代歸雲大禪師塔銘》，丁未歲（1247）清明日法侄海雲印簡同嗣法小師道因立石，陳時可撰文。塔銘對歸雲大師的生平與弘法事蹟進行介紹。

　　第四，《趙州古佛堂記》，元成宗貞元元年（1295）左右立，元代趙州人王翊撰文。

　　第五，《趙州柏林圓明普照月溪大禪師碑》（元仁宗延祐三年，即 1316）溪公法孫顯琛立，翰林學士王思廉撰文。碑文對普照月溪大師生平弘法情況作了概述，對研究月溪大禪師承研究和弘法情況有重要價值。

　　第六，《特賜大元趙州古佛真際光祖國師塔碑銘》（元文宗天曆三年，即

1330），即趙州塔，又稱柏林寺塔，或者真際禪師塔，在柏林禪寺大殿的右側，是為紀念趙州從諗禪師所建。趙州塔為磚木結構的密簷式塔，平面呈八角形，全塔共七級，今日所見趙州塔，是經過 1997 年修復之後的。舍利塔第一層古佛真際塔簷下面的正南門上邊嵌著方石一塊，陰刻「特賜大元趙州古佛真際光祖國師之塔，右側為天曆三年孟夏上旬吉日建」。1997 年修復趙州塔時，發現了塔外側的題記：「□大元國真定路趙州柏林禪寺主持長老魯雲行興並提點會監寺從浩官門監寺福增泊助緣彰德路天寧寺提點僧智恕同建相輪彰德路安陽縣□□□匠人趙文郁□□至順元年九月」〔註70〕從諗禪師在元代又有了「趙州古佛真際光祖國師」之號，說明元代對柏林禪寺的重視。

第七，《雲興公舍利塔銘》，黃溍（1277～1357）撰文，介紹了柏林禪寺臨濟禪師魯雲行興生平事蹟和弘法活動，元文宗時住持柏林禪寺。

第八，《禪林寺住持普明淨慧大宗師桂岩和尚舍利之塔》，元至正乙丑年（1349）立。對桂岩和尚在柏林禪寺的活動做了簡要介紹。

第九，《重修柏林寺光祖真際禪師塔碑》，明嘉靖十八年（1539）沙門興廉募緣重修真際禪師塔，並由真定天峰撰寫碑文。

第十，《增修柏林寺大慈殿記》，嘉靖三十一年（1552）立石。對柏林禪寺的歷史作簡要概述，對魯峰本儒增建大慈殿的具體情況進行記述。

第十一，《趙州柏林寺無聲禪師重修藏經殿記》，明隆慶六年（1572）年立石，對無聲禪師重建藏經殿的情況作了記載。

第十二，《直隸真定府趙州僧正司柏林寺修崇十方禪院記文》，萬曆四年（1576）立石，僧人永宰記述了其修建十方禪院的緣由和目的。

第十三，《趙州古佛寺碑》，清雍正十一年（1733）為趙州古佛賜「圓證直指真際禪師」之號，又親書「古佛寺」賜柏林寺為額，並大興土木，擴大建制，記錄在陳兆侖所寫的《趙州古佛寺碑》之中。

第十四，《重修趙州柏林寺倒坐觀音堂碑》，道光二十八（1848）胡允植撰文並書，講述了世人信仰崇拜觀音菩薩的原因。

改革開發以來，隨著佛教政策的落實，柏林禪寺再次重修和復建，也保存了一些新的碑刻，記載了柏林禪寺發展的歷史和復建情況。

柏林禪寺遺存的豐富碑銘，為瞭解歷朝歷代柏林禪寺的歷史和發展，高

〔註70〕李士蓮、陳偉：《趙州真際禪師塔修繕技術》，《古建園林技術》2001 年第 2 期。

僧住持弘法、師承，寺規和神團，以及寺院僧官與皇室的關係等提供豐富的資料。

四、保定府佛教文化遺存

（一）西夏遺民碑與經幢

　　1984 年河北保定出土一通《大元敕賜故順天路達魯花赤河西老索神道碑銘》，現保存於河北省保定市蓮池公園內。該碑的照片收錄在寧夏大學主編的《中國藏西夏文獻》第十八冊，即 HB12‧001《大元敕賜故順天路達魯花赤河西老索神道碑銘》〔註71〕。碑高 385 釐米，寬 95 釐米，為方柱形，四面刻楷書碑文，現存三面文字，殘存碑文比較模糊。《大元敕賜故順天路達魯花赤河西老索神道碑銘》是西夏遺民老索曾孫訥懷於至正十年（1350）四月所立，記述了老索家族四代人從太祖成吉思汗到元順帝一百多年的主要活動經歷和為官情況，而對老索的記載尤為詳實，內容關係到伐西夏和滅金等事跡。老索本為西夏的戰將，以驍勇善戰而出名，但後來投降蒙古，死於中統元年（1260），壽 73 歲。

　　老索率領西夏軍隊在多次與蒙古軍隊的作戰中，老索深深意識到西夏軍隊往日的雄威一去不復返，對安全廢純祐自立為皇帝和屢屢戰敗納女請和之事甚為不滿，遂產生投降成吉思汗的想法，老索認為「太祖皇帝拓境四方，天意所向」，所以才有「屢諷其國王失都兒忽，率諸部降」的結果。太祖指成吉思汗，國王失都兒忽則指西夏的皇帝。西夏遺民老索投降蒙古後，隨成吉思汗西征和討金，與金軍在三峰山展開決戰，舉家來到順天，被委派到順天任宣使、順天路達魯花赤一職，順天路即保定路。立碑之時距離老索去世已 90 年矣，能得敕立碑，是因為其曾孫訥懷出任集賢侍讀學士。元順帝登基十年之時，即至正三年（1343 年）訥懷為「制授通奉大夫、前河南等處行中書省參知政事訥懷為集賢侍讀學士。」第二年（1344 年），集賢學士脫憐等數列訥懷曾祖父老索功績，請立碑銘，以寵示後人。得到准奏後，由翰林學士承旨榮祿大夫知制誥兼修國史歐陽玄奉敕撰文，集賢侍講學士中奉大夫兼國子祭酒蘇天爵奉敕書丹，翰林學士承旨榮祿大夫知制誥兼修國史張起岩奉敕篆額，由保定當地人摹刻完成，到至正十年（1350）四月老索曾孫訥懷才擇吉

〔註71〕寧夏大學等主編：《中國藏西夏文獻》（十八冊），蘭州：甘肅人民出版社，2005年，第 138～150 頁。

日立石，其中歐陽玄、蘇天爵和張起岩等《元史》有載，而碑文所記主要人物老索等卻史料缺載，又對《神道碑》所提及人物的考證，既可彌補正史記載的不足，又對瞭解西夏遺民在蒙元時期的分布及活動有重要意義。

此外，1962 年在保定韓莊還出土明代的西夏文經幢石刻兩座，出土經幢的地方曾有寺院，稱「大寺」或「西寺」，清末寺院還有殘存，民國時期被毀。兩幢形制相同，大小相似，有頂蓋、幢身、基座三部分組成，平面為八角形，經幢內容刻《佛頂尊勝陀羅尼經》，助緣隨喜者多達八十餘人，建幢者是西夏遺民，為興善寺住持，死者是興善寺的僧人，建幢時間為明弘治十五年（1502），現立於保定蓮花池公園內。

（二）元定州真覺禪寺與大慈閣

現在的保定在元代稱定州，由保定路管轄，本清苑縣，唐隸鄚州。宋升保州。金改順天軍，為順天軍節度使駐地。元太宗十一年（1239），升順天路，置總管府。至元十二年（1275），改保定路，設錄事司。大慈閣現在保定城內，學界對大慈閣修建的年代有不同觀點，一是認為大慈閣始建於元代，為張柔始建，二是大慈閣建於南宋淳祐十年（1250）。而《大慈閣始建年代考辯》一文認為「明《弘治保定郡志》等史籍將『元庚戌』定為大慈閣的始建年代是不準確的，近年來出現的大慈閣為張柔等重建說，也顯然與史實不符。我們的結論是：大慈閣是張柔〔註72〕始建，始建的年代在公元 1227 年～1232 年之間」。〔註73〕

負責修建保定大慈閣的張柔就是老索來保定任職時，曾與老索一起共事的順天路汝南忠武王。據查證「順天路汝南忠武王」即張柔（1190～1269）。張柔易州定興人，金朝遺民，金興定二年（1218）降於蒙古，金正大三年（1226）因戰功授予行軍千戶、保州等處都元帥，正大四年（1227）移鎮保州，開始保州戰後的重建和發展。《元史》載：

> 丙戌，遣將以兵從國王孛魯，攻李全於益都，降之。丁亥，移鎮保州。保自兵火之餘，荒廢者十五年，盜出沒其間。柔為之畫市井，

〔註72〕張柔，易州定興人，1218 年降於蒙古，因戰功授予行軍千戶、保州等處都元帥，1227 年移鎮保州，開始保州戰後的重建和發展。忽必烈北征阿里不哥時詔張柔入衛隨征，至元三年（1266）封蔡國公，五年（1268）六月卒，年七十九。參見崔紅芬《保定出土〈老索神道碑銘〉再研究》，《中國文化》第 38 期（秋季號），北京，2013 年。

〔註73〕郭瑝、周聖國：《大慈閣始建年代考辯》，《文物春秋》1991 年第 2 期。

定民居，置官廨，引泉水入城，疏溝渠以瀉卑濕，通商惠工，遂致殷富，遷廟學於城東南，增其舊制。〔註74〕

張柔移鎮保州後，並沒有長期呆在保州，而是隨蒙古軍隊繼續參加滅金戰鬥。《元史》載：

壬辰（1232 年），從睿宗伐金，……圍汴京，柔軍於城西北，金兵屢出拒戰，柔單騎陷陣，出入數四，金人莫能支。金主自黃陵岡渡河，次溫麻岡，欲取衛州，柔以兵合擊，金主敗走睢陽。其臣崔立以汴京降，柔於金帛一無所取，獨入史館，取金實錄並密府圖書；訪求耆德及燕趙故族十餘家，衛送北歸。遂圍睢陽，金主走汝南。……金人懼，啟南門求死戰，柔以步卒二十餘突其陣……金主自殺。……入朝，太宗歷數其戰功，班諸帥上，賜金虎符，升軍民萬戶。〔註75〕

張柔隨蒙古軍隊在攻取汴京後，他不取金帛，而是訪求耆老及燕趙故族十餘家，御送北歸，這些人才為戰後保州的重建起了很大作用。金亡，張柔入朝，得到窩闊台的獎賞，賜金虎符，升軍民萬戶。

乙未（1235 年），張柔又隨察罕率軍攻宋，攻取河南、安徽等地一些城池。「……又敗宋師於泗州，還杞上。帳下吏夾谷顯祖得罪亡走，上變誣柔，執柔以北。大臣多以闔門保柔者，卒辨其誣，顯祖伏誅。辛亥，憲宗即位，換授金虎符，仍軍民萬戶。甲寅，移鎮亳州。」〔註76〕後來張柔繼續征宋，忽必烈北征阿里不哥時詔張柔入衛隨征。至元三年（1266）封蔡國公，五年（1268）六月卒，年七十九。贈推忠宣力翊運功臣、太師、開府儀同三司、上柱國，諡武康。延祐五年，加封汝南王，諡忠武。

從元太宗四年（1232）後，張柔主要活動是隨蒙古軍征戰金與宋，精力並不在順天，金亡後老索來到順天，順天實際則由老索負總責，先任宣使，後順天路達魯花赤。作為信仰佛教的西夏遺民老索也應該親眼目睹和參與了真覺禪寺和大慈閣的修建。真覺禪寺以主體建築大慈閣而著名，這是一座千年古剎，閣最為著名。

〔註74〕（明）宋濂等撰：《元史》卷 147《張柔傳》，北京：中華書局標點本，1976年，第 3473 頁。

〔註75〕（明）宋濂等撰：《元史》卷 147《張柔傳》，北京：中華書局標點本，1976年，第 3473～3474 頁。

〔註76〕（明）宋濂等撰：《元史》卷 147《張柔傳》，北京：中華書局標點本，1976年，第 3475 頁。

保定真覺禪寺大門（圖 53）

真覺禪寺的大慈閣（圖 54）

五、承德府佛教文化遺存

　　為解決漠北蒙古內部紛爭，加強蒙古與中央聯繫，康熙三十年（1691）在直隸與蒙古交界多倫諾爾（今河北承德市西北）進行會盟。將喀爾喀實行編旗，保留原有汗號，改封蒙古貴族為親王、郡王、貝勒、貝子、公、臺吉

等封爵。對於首倡歸清者、奏請編旗者、征剿噶爾丹有功者進行表彰和封賞。多倫會盟密切了內外蒙古與清的關係，在喀爾喀建立封建秩序，加強北部邊疆的防禦力量，孤立了噶爾丹。

承德在元明時期屬於中書省或北直隸，順治初，內屬。康熙四十二年（1703），建避暑山莊於熱河，歲巡幸焉。五十二年（1713），城之。雍正元年（1723），置廳。十一年（1733），置承德直隸州。乾隆七年（1742），承德仍為熱河廳。八年（1743），遵化升直隸州。四十三年（1778），復升熱河廳為承德府。置州一，縣五。嘉慶十五年（1810），置熱河道都統。並轄內蒙古東二盟十六旗，又附西勒圖庫倫喇嘛一旗。光緒初，置圍場廳，隸承德。承德作為第一批歷史文化名城，1994 年 12 月承德避暑山莊及其周圍寺廟入選世界文化遺產。

（一）避暑山莊

清康熙四十二年（1703）開始興建避暑山莊，到乾隆五十七（1792）竣工，前後經歷 80 多年。康熙四十七年（1708）熱河行宮開始使用，標誌著承德的建設和發展。避暑山莊是經歷康熙、雍正和乾隆三代帝王營建而成，是集宮、苑於一體的皇家園林，融合南秀北雄的風格。乾隆時期避暑山莊進入繁榮時期，其中有永祐寺、珠源寺、碧峰寺、水月庵、旃檀林、鷺雲寺、法林寺等。

乾隆四十三年（1778），復升熱河廳為承德府，承德成為皇帝夏天休閒娛樂的場所和政治中心，地位僅僅次於北京。隨著承德政治地位的提升，承德地區的寺院也不斷修建，且寺院的修建與國家的民族政策和對邊疆的懷柔政策有著密切關係。避暑山莊內修建寺院是為了皇帝及其皇室成員禮佛的方便，也彰顯他們對於佛法的尊崇。

1、永祐寺

避暑山莊內佛的寺院永祐寺規模最大，永祐寺始建於乾隆十六年（1751），遺存牌坊、山門、碑銘、鐘鼓樓、天王殿、寶輪殿、後殿、舍利塔和御容樓等建築。

永祐寺寺額為乾隆親筆所題，其中舍利塔是仿杭州的六和塔和南京的報恩寺塔所建。《御製永祐寺舍利塔記》載曰：「自辛未奉慈鑾南巡於夫招提蘭若，轉輪祝釐，無不虔掖。金根隨喜，檀界乃識。所謂金陵之報恩，武林六和，歸而欲肖之，以延鴻算。……一無所問，且或者如行家之言，北方其誠不可如南方之為塔乎？則有志過之作，永罷塔而弗為。然同時之建於熱河之

永祐寺者，不可中止。恐其蹈轍，乃命拆其弗堅，及築不如式者，而概易之
以石。越十歲，甲申，窣堵乃成，歸然峙於避暑山莊。」〔註77〕御容樓供奉
康熙皇帝的畫像。保存御碑有《避暑山莊後序》《御製永祐寺碑記》《永祐寺
舍利塔記》《避暑山莊百韻詩並序》等。乾隆十七年（1752）《御製永祐寺碑
記》用漢、滿、蒙、藏四種文字書寫，講述繼康熙皇帝之後，繼續修建避暑
山莊，及在山莊內修建寺院，《御製永祐寺碑文》將皇家建寺目的加以描繪，
即「秋獮之餘，時復稅駕於此，松雲如舊，樓桷翹瞻，感陟降之在廷，思報恩
而薦福。遂即山莊內萬樹園之地，創立精藍，爰名『永祐』。固不特鐘魚梵唄，
足令三十六景，借證聲聞。我皇祖聖日所照，千秋萬歲後，子孫臣庶，無不永
如在之思，即是釋迦之耆韜崛山，金剛法座，天龍擁護，相好依然」。〔註78〕

避暑山莊永祐寺舍利塔（圖55）

〔註77〕馮衛林編著：《承德寺廟與佛像》，北京：中國戲劇出版社，2001年，第72頁。
〔註78〕馮衛林編著：《承德寺廟與佛像》，北京：中國戲劇出版社，2001年，第71頁。

2、其他寺院

避暑山莊內還有珠源寺，乾隆二十六年（1761）修建，然寺院毀於日偽時期，遺存乾隆年間大鐘等少量文物，展於避暑山莊博物館。

碧峰寺修建於乾隆二十九年（1764），座西朝東，乾隆親題寺額，現有山門、鐘鼓樓、天王殿、南北配殿、正殿、經樓和寺院後面的味甘書屋、叢碧樓、回溪亭。其中的味甘書屋是當年乾隆禮佛時休息茶歇的場所，叢碧樓是乾隆觀賞美景的地方。

此外，水月庵、旃檀林、鷥雲寺、法林寺、開仁寺等作為避暑山莊內皇家觀景、遊樂和敬佛之所，他們為避暑山莊增加了點綴和韻味，也是乾隆皇帝宣揚國威和誇頌自己治國功績的表現。乾隆四十四年（1779）《御製熱河文廟碑記》、乾隆五十三年（1788）《御製平定臺灣告成熱河文廟碑記》、乾隆五十七年（1792）《御製補詠戰勝廓爾喀之圖序》、《御製熱河承德府紀事事八韻有序》、乾隆五十七年（1792）《御製十全記》等。目前有些寺院已經重新修建完成，對有人開放。

（二）承德外八廟

承德外八廟是避暑山莊東北部的寺院群，或是漢式寺院，或是漢藏結合式寺院，或是藏式寺院，作為皇家寺院，建築輝煌，規模宏大，是清前期佛教建築藝術和技術的成就的體現，凝聚不同民族的文化特色。清代承德藏傳佛教興盛，承德修建了多座藏傳佛教的寺院。著名的外八廟，即溥仁寺、溥善寺、普寧寺、安遠寺、普陀宗乘之廟、須彌福壽之廟、殊像寺、廣緣寺、普樂寺、普祐寺、廣安寺、羅漢堂等。

1、溥仁寺與溥善寺

溥仁寺、溥善寺是承德外八廟中修建最早的寺院，兩座寺院僅有一牆之隔。溥仁寺也稱前寺，是漢式建築風格，溥善寺稱後寺，具有藏式風格，清末寺院已經破敗，現已無存。他們修建於康熙五十二（1713），表現了蒙古與清朝的關係。

康熙《御製溥仁寺碑記》（漢文）記曰：

> 康熙五十二年，朕六旬誕辰，眾蒙古部落，咸至闕廷，奉行朝賀，不謀同辭，具疏陳懇，原建剎宇，為朕祝釐。朕思治天下之道，非奉一己之福，合天下之福為福，非私一己之安，遍天下之安為安。

柔遠能邇，自古難之，我朝祖功宗德，遠服要荒；深仁厚澤，淪及骨髓，蒙古部落，三皇不治，五帝不服。今已中外無別矣。論風俗人情，剛直好勇，自百年以來，敬奉釋教，並無二法。謹守國典，罔敢隕越，不識不知，太和有象。朕每嘉焉，鑒其悃誠，重違所請。念熱河之地，為中外之交。朕駐蹕清暑，歲以為常。而諸藩來觀，瞻禮亦便。因指山莊之東，無關於耕種之荒地，特許營度為佛寺。陶甓於治，取材於山。工用無輸挽之勞，金錢無逾侈之費。經始訖功，告成不日。……朕以涼德，撫育萬方。邊壖之外，悉為畿甸。諸藩於此建寺介福，率先恐後，無小無大，罔不來同。觀我觀民，思維此理。特題額曰「溥仁」。將欲汪濊之澤，均霑率土；升恒之慶，廣洽普天；遍覆含弘，民胞物與，咸躋壽考，各遂生成。藉諸藩祝朕之忠誠，為萬方祈純嘏之錫。爰紀斯文，勒諸貞石。康熙五十三年三月十八日。

康熙時期，清與蒙古各部的關係密切，康熙五十二年（1713），在他六十大壽之際，蒙古朝聖，奏請修建寺院，為皇室祝福，於是特許營建溥仁寺和溥善寺，以彰顯清與蒙古部族的密切關係，也為天下蒼生祈福。

明末清初之際，蒙古族分為漠南蒙古（內蒙古）、漠北喀爾喀蒙古（外蒙古）和漠西厄魯特蒙古三部分。漠西蒙古包括準噶爾（新疆伊犁一帶，即明瓦拉的後裔）、和碩特（烏魯木齊以東）、土爾扈特（塔爾巴哈臺，即今塔城一帶）、杜爾伯特（額爾齊斯河）四部，四部互不統屬。

漠南蒙古在皇太極西征林丹汗之後，歸附清朝。漠北蒙古的四部有札薩克汗部、三音諾顏汗部、土謝圖汗部、車臣汗部。皇太極時期，漠北蒙古除三音諾顏以外，其他三部已經向清朝進「九白之貢」，即每歲獻白駝一，白馬八。順治時，三音諾顏部亦向清廷進貢。康熙三十六年（1697）噶爾丹叛亂平定後，康熙帝安排喀爾喀蒙古返回外蒙古原來牧地，把喀爾喀劃分為 55 個旗（乾隆增加到 84 旗），設札薩克（旗長）進行統治。外蒙古正式歸附清朝，蒙古各部與清朝保持較為密切的關係。

溥仁寺現在保存山門、門額（溥仁寺為康熙題）、鐘鼓樓、正殿、後殿和一些僧舍等。山門面闊三間，單簷歇山頂。正殿面闊七間，有康熙題「慈雲普蔭」和乾隆題「具大自在」。殿前有兩座碑，正面是康熙皇帝題「溥仁寺碑記」，碑陰、碑側為乾隆皇帝的詩文。傳仁寺的修建更進一步確切了清初與蒙

古的友好關係。

2、普寧寺

普寧寺是承德最具典型的寺院，乾隆二十年（1755）修建，位於避暑山莊東北部山坡上，傚仿西藏桑耶寺修建，具有漢藏民族風格。

桑耶寺是西藏第一座寺院，七世紀初松贊干布時佛教傳入西藏，經過與藏地原始苯教反覆較量，赤松德贊時在寂護和蓮花生等佛學大師的幫助下降伏苯教，佛教得到推崇。佛教在西藏的發展經歷了前弘期和後弘期兩個階段。前弘期佛教主要經歷了松贊干布、赤松德贊和赤祖德贊三大法王的發展時期。赤松德贊時正式剃度第一批僧人，建立著名的桑耶寺，大規模翻譯佛經，建立興佛碑。《賢者喜宴》載，赤松德贊時修建桑耶寺，桑耶寺四周建四塔，塔周圍編架金剛杵，形成108座小塔。每杵下放置一舍利，象徵佛法堅不可摧。〔註79〕《多麥佛教史》也載，吐蕃建桑耶寺時，為了調伏神魔，據堪布的教導，在東方弭藥嘎地之毗沙門區域，迎請了嘎巴多吉薰努，嘎巴即西夏人。〔註80〕西藏的桑耶寺除了具有調伏神魔以外，其本身具有漢、藏和印度文化的融合的特徵。

承德普寧寺（圖56）

〔註79〕何周德、索朗旺堆：《桑耶寺簡志》，拉薩：西藏人民出版社，1987年，第10頁。
〔註80〕班欽・索南查巴著，黃顥譯注：《新紅史》，拉薩：西藏人民出版社，1987年，譯注233，第199頁。

　　普寧寺的修建既是民族團結的象徵，也是多民族文化融合的表現。普寧寺中「大乘之閣」的乾隆皇帝親題，閣內供奉木雕千手千眼觀世音菩薩，通高 23.51 米，重達 110 噸，有四十二臂。觀音兩側是善才、龍女。普寧寺內有碑亭，中間是《御製普寧寺碑記》，東側是《平定準噶爾勒銘伊犁之碑》，西側為《平定準噶爾後勒銘伊犁之碑》，記載了寺院建立的時間、緣由等。

　　清朝漠西蒙古是清最大威脅，十七世紀初準噶爾開始強大，成為漠西蒙古最強盛的部族，準噶爾部首領巴圖爾洪臺吉、僧格還能與沙俄作戰，阻止沙俄南下。隨著僧格在權力鬥爭中被同母兄殺死，在西藏當僧人的噶爾丹，因受五世達賴器重，在五世達賴支持下噶爾丹回準噶爾部，以替兄報仇為名，擊敗對手，自立為汗。為鞏固統治，採取對西蒙古和臨近蒙古的兼併戰爭，噶爾丹勾結沙俄，煽動沙俄進犯黑龍江；進攻漠北喀爾喀蒙古，迫使喀爾喀南下投清。為此康熙三次親征噶爾丹，康熙擊敗噶爾丹之後，準噶爾不並沒有與清政府實現完全的和平。之後準噶爾部的策旺阿拉布坦叛亂再次發生叛亂，康熙五十六年（1717）策旺阿拉布坦派兵進行攻入西藏，與清廷爭奪西藏。雍正五年（1727）策旺阿拉布坦之子噶爾丹策零即位後，與清關係再度緊張，雍正九年（1731）雙方發生戰爭，互有勝敗。噶爾丹策零死後，準噶爾部內訌多年。準噶爾貴族大策零敦多布孫子達瓦齊在土爾扈特部阿睦爾撒納支持下擊敗另一貴族小策零敦多布孫子奪取汗位。在達瓦齊與小策零敦多布孫子爭汗位時，他們各自爭取杜爾伯特部的臺吉策凌、策凌烏巴什、策凌蒙克求助。三人分析形勢於乾隆十八年（1753）內附歸清，十九年（1754）編旗並在避暑山莊得到乾隆接待。他們歸清說明漠西蒙古對分裂戰爭的厭惡，和對安定生活渴望，希望國家統一。

　　達瓦齊先與阿睦爾撒納（土爾扈特部之輝特部）聯合，後因利益問題發生分歧，兩人發生衝突和矛盾，阿睦爾撒納不能對抗達瓦齊歸清。乾隆認為達瓦齊控制準噶爾部「非其族類」的篡殺行為，想乘其統治未穩定，加之達瓦齊與哈薩克矛盾，想剿滅達瓦齊。於是乾隆十九年（1754）任命阿睦爾撒納和新疆北路將軍，從烏里雅蘇臺出發，進攻達瓦齊。清軍收復伊利，阿睦爾撒納乘機佔領和搶奪達瓦齊領地和財產。任意濫殺投誠的準噶爾部下，政治野心膨脹。發生叛亂，在清和喀爾喀蒙古聯合下攻擊阿睦爾撒納，他逃亡俄國。

　　漠西蒙古長期對清、西藏、蒙古部的戰爭，人民生活不得安寧，清政府

平定了厄魯特蒙古準噶爾部達瓦齊的叛亂，在避暑山莊為厄魯特四部上層貴族封爵，傚仿西藏三摩耶（又稱桑耶寺、三樣寺）建制修建此寺，清政府希望邊疆人民「安其居，樂其業，永永普寧」，故稱之為「普寧寺」。如《御製普寧寺碑記》載：「且此山莊，即皇祖歲時巡覲諸蒙古賓客之所也。越三十年，而克見準噶爾之眾，咸覲於此，豈非皇天無私，惟德以輔，至聖之度，越世先知，而見幾君子之作。予亦不敢不勉，衛拉特之眾，豈終不可格以誠哉？蒙古向敬佛，興黃教，故寺之式，即依西藏三摩耶廟之式為之，名之曰『普寧』者，蓋自是而雪山葱嶺，以逮西海，恒河沙數，臣遮咸願安其居，樂其業，永永普寧云爾。」乾隆皇帝為了安撫希望和平的漠西蒙古部落，並慶賀平定達瓦齊叛亂而修建保祐普天安樂。

3、普陀宗乘之廟與須彌福壽之廟

　　普陀宗乘之廟、須彌福壽之廟的命名與西藏達賴和班禪所居住的寺院有一定關係。須彌福壽之廟位於河北承德避暑山莊北面獅子溝南坡，普陀宗乘之廟的東側。

（1）普陀宗乘之廟

　　普陀宗乘之廟建於乾隆三十二年（1767），三十六年（1771）年竣工，歷時五年，是承德外八廟中規模最大的一座寺院，位於須彌宗乘之廟的西側。「普陀」即普陀山，觀音菩薩的道場，乾隆皇帝以此標榜普陀山，在乾隆三十五年（1770）六十壽辰和三十六年（1771）皇太后八十壽辰之際〔註81〕，向前來賀壽的少數民族首領等炫耀皇威和籠絡各民族，於是傚仿西藏布達拉宮建立了普陀宗乘之廟，也稱小布達拉宮。

　　這座寺廟分為三部分，前部有山門、碑亭、五塔門、琉璃牌坊和東西山門，以漢式建築為主。

〔註81〕乾隆三十六年（1771）皇太后八十壽辰之際，又在殊像寺西側修建廣安寺，寺院始建於乾隆三十七年（1772）主要建築的戒壇，故此，廣安寺又稱戒臺寺。乾隆在慶賀自己六十壽辰，與前來賀壽的少數民族首領等舉行法會，同時也為皇太后提前祝壽，祝願皇太后廣大廣安，故此修建廣安寺。寺院有山門、持勝門、淨香室、定慧樓、戒壇、三禪臺、平臺樓等。廣安寺還是一座受戒的寺院，也是漢藏文化相互融合的寺院。

普陀宗乘之廟山門（圖57）

碑亭內有石碑三通，中間是《御製普陀宗乘之廟碑》，兩側分別是《御製土爾扈特全部歸順記碑》《優恤土爾扈特部眾記碑》。

土爾扈特是漠西蒙古的一支，十七世紀初準噶爾強大，準噶爾首領與和碩特爭奪聯盟的盟主獲勝，準噶爾巴圖爾洪臺吉時欺凌弱部，引起一些部落不滿，造成土爾扈特（包括部分和碩特和杜爾伯特）西遷伏爾加河。由於諸多因素，在乾隆三十五年（1770）厄魯特蒙古土爾扈特部又開始從沙俄返回祖國。次年（1771），乾隆在熱河避暑山莊接待了土爾扈特的首領渥巴西（錫），乾隆三十六年（1771）立《御製土爾扈特全部歸順記碑》以示紀念，記述了土爾扈特人回歸的原委。乾隆將歸順的將土爾扈特部眾分做二部，一部由渥巴西率領，安置在伊犁一帶游牧，規伊犁將軍管轄。一部由舍棱率領，安置在阿爾泰山一帶，歸科布多參贊大臣管轄，立《優恤土爾扈特部眾記碑》，詳細記載了如何安置回歸的土爾扈特人，給他們救濟與減免賦稅等。

（2）須彌福壽之廟

須彌福壽之廟修建於乾隆四十五年（1780）。西藏六世班禪為了慶賀乾隆七十大壽，從日喀則札什倫布寺啟程，長途跋涉來到承德。乾隆帝為隆重迎接六世班禪的到來，傚仿日喀則札什倫布寺修建須彌福壽之廟，須彌福壽之廟為六世班禪提供居住和講經之所，又稱「班禪行宮」，「須彌福壽之廟」是乾隆題額，具有多福多壽之意。乾隆四十五年（1780）《御製須彌福壽之廟碑記》有載：

黃教之興，以宗喀巴為鼻祖，有二大弟子：一曰根敦珠巴，八轉世

而為今達賴喇嘛；一曰凱珠布格埒克巴勒藏，六轉世而為今班禪額爾德尼喇嘛。是二喇嘛，蓋遞相為師，以闡宗風，而興梵教。則今之班禪額爾德尼喇嘛，實達喇嘛之師也。達賴喇嘛居布達拉，譯華言為普陀宗乘之廟。班禪額爾德尼居札什倫布寺，譯華言為須彌福壽之廟。是前衛、後藏所由分也。辛卯年，曾建普陀宗乘之廟於避暑山莊之北山，以祝釐也，亦以土爾扈特歸順也。今之建須彌福壽之廟於普陀宗乘之左岡者，以班禪額爾德尼欲來覲，而肖期所居，以資安禪，且遵我世祖章皇帝建北黃寺於京師，以居第五達賴喇嘛之例也。然昔達賴喇嘛之來，實以敦請。茲班禪額爾德尼之來覲，則不因招致而出於喇嘛之自願來京，以觀夏之振興黃教，撫育群生，海宇清宴，民物敉寧之景象。適值朕七旬初度之年，並為慶賀之舉也。……今則重熙休和，喀爾喀久為世臣，厄魯特亦無不歸順。而一聞班禪額爾德尼之來，其歡欣舞蹈，欲執役供養，出於志誠，有不待教而然者，則此須彌福壽之廟之建。」〔註82〕

修建須彌福壽之廟的原由在碑文中講述非常清楚，同時，也彰顯了清初與西藏等民族的關係，對統治者治理邊疆的讚揚，「上以揚歷代致治保邦之謨烈，下以答列藩傾心向化之悃忱」。須彌福壽之廟和普陀宗乘之廟的建築最為壯觀宏偉，充分展示著藏傳佛教和佛教建築的精髓。

4、承德殊像寺

殊像寺在普陀宗乘之廟的西偶的山坡上，是一座漢式寺院，乾隆三十九年（1774）修建。寺院修建的緣由在《御製殊像寺落成瞻禮即事成什［有序］》記載：

五臺山，為文殊師利道場，梵語謂之曼殊師利。山麓有寺曰「殊像」，傳是文殊示現處。妙相端嚴，瞻仰生敬。辛巳春，奉聖母，幸五臺祝釐，瓣香頂禮，默識其像以歸。既歸，摹勒諸石。遂乃構香山有碑而像設之，顏曰：「寶相」。茲於山莊普陀宗乘之廟西，營構蘭若，莊校金容，一如「香山」之制，而堂殿樓閣，略仿五臺山，亦名以「殊像」，從其朔也。〔註83〕

〔註82〕馮術林編著：《承德寺廟與佛像》，北京：中國戲劇出版社，2001 年，第 39～40 頁。

〔註83〕馮術林編著：《承德寺廟與佛像》，北京：中國戲劇出版社，2001 年，第 64 頁。

乾隆辛巳年（1761）乾隆陪其母在五臺山禮佛，五臺山作為文殊菩薩的道場，文殊菩薩法相莊嚴，令人敬仰。乾隆母將莊嚴文殊像默記在心，回到京城，命工匠雕刻文殊像，供奉在北京香山。乾隆三十九年（1774）乾隆按照香山殊像，仿照五臺山殊像寺，又在承德修建殊像寺。乾隆有「殊像全規臺廟模，撰辰慶落禮曼殊」的詩句，並認為：「佛法無分，別見清涼。五峰固文殊初地，香山塞山，非彼非此。矧以竺乾視之，固同為震旦中菩薩示現之境乎？是則闡宗風，延曼壽，功德利益，又皆一合相之，推廣平等者也。」

殊像寺的建築有山門、鐘鼓樓、天王殿、東西配殿、會乘殿、寶相閣、清涼樓、香林室、倚雲樓等。其中會乘樓殿內中間供奉文殊菩薩，左右為觀音菩薩和普賢菩薩，有乾隆題「會通三界」的匾額，東西兩山牆經櫃二十二個，存放滿文《大藏經》一百八部，滿文《大藏全咒文》（十套）以及乾隆御書佛經等。

5、安遠廟

安遠廟，又稱伊犁廟，建於乾隆二十九年（1764），漠西蒙古信仰藏傳佛教，噶爾丹策零時，伊犁有座固爾札寺廟，「伊犁河北舊有廟，曰固爾札，都綱三層，繚垣周一里許。當噶爾丹策凌時，以五集賽，更番居此誦經，每歲首、盛夏，準噶爾之眾膜拜頂禮者，遠近咸集。其俗素奉黃教，往往捐珍寶，施金銀，以事莊嚴。」到噶爾丹策零死後，準噶爾部內訌多年，達瓦齊在權利爭奪中獲勝，乾隆二十年（1755）「丁巳，達瓦齊等解至京，遣官告祭太廟社稷，行獻俘禮。戊午，上御門樓受俘，釋達瓦齊等」。〔註84〕達瓦齊被釋放封親王，賜第京師。《清史稿》載：「準噶爾即綽羅斯部，數侵喀爾喀，聖祖三臨朔漠征之，噶爾丹走死，其兄子策妄阿拉布坦遁伊犁，傳子及孫，從孫達瓦齊奪其位。乾隆十九年，杜爾伯特、和碩特、輝特先後來歸。二十年，執達瓦齊，準噶爾平。二十二年，以阿睦爾撒納叛，霍集占附之，再出師。二十三年，克庫車、沙雅爾、阿克蘇、烏什諸城，明年，收和闐、喀什噶爾、葉爾羌諸城，二酋走死回部，亦平。二十七年，設伊犁總統將軍及都統、參贊、辦事、協辦、領隊諸大臣，分駐各城，並設阿奇木伯克理回務。」〔註85〕新疆伊犁達瓦齊和阿睦爾撒納先後叛亂，乾隆二十年（1755）平定達瓦齊叛

〔註84〕趙爾巽等撰：《清史稿》卷11《高宗本紀》（二），北京：中華書局標點本，1977年，第430頁。

〔註85〕趙爾巽等撰：《清史稿》卷76《地理志》（二十三），北京：中華書局標點本，1977年，第2372頁。

亂，二十四年（1759）又平定阿睦爾撒納叛亂。以準噶爾故總臺吉達什達瓦之妻率眾來降，二十七年（1762）清廷在新疆設伊犁總統將軍、都統等，進一步加強對新疆的管理。新疆各族人民經歷多年的戰亂，非常期盼和平。

為了安撫內遷的漠西蒙古部落和慶賀平定伊犁叛亂，在承德修建安遠廟，《御製安遠廟瞻禮書事〔有序〕》記載：「廟之閎瞻，遂甲於漠北。阿逆之叛，賊黨肆掠焚劫，廟乃毀廢。曾用韓愈陸渾山火詩韻，以紀其事。及我師再平伊犁，其地並建城堡，而梵宇之僅存煨燼之餘者，已不可復整，亦不必為之復整也。因思山莊為秋蒐肆覲之所，舊蕃新附，絡繹鱗集。爰規東北岡阜肖固爾札之制，營建斯廟，名之曰『安遠』。集梵僧演步踏，以慶工藏事。惟時都爾伯特郡王策凌、烏巴什等，適以朝賀至，與達什達瓦部眾之隸居茲土者，歡喜額手。僉謂琳宮晃曜，妙相莊嚴，不啻曩時在固爾紮禮都綱聞唄讚也。」修建安遠廟的目的是弘揚黃教，綏靖荒服，懷柔邊疆，欲使和平永駐，「然予之所以為此者，非惟闡揚黃教之謂，蓋以綏靖荒服，柔懷遠人，俾之長享樂利，永永無極云」。

6、普祐寺

普祐寺修建於乾隆二十五年（1760），是一座漢傳佛教式樣的寺院。普祐寺的修建仍然與平定新疆叛亂有密切關係。

康熙三十九年（1700）原依附於準噶爾回疆「阿合瑪特」因欲脫離準噶爾部被禁於伊犁，經過半世紀，他的兩個兒子「波羅尼都」和「霍集占」仍被準噶爾部軟禁於伊犁，這兩兄弟即是「大小和卓」。乾隆二十年（1755）清平定準噶爾汗達瓦齊後，命新疆的將軍釋放了大小和卓，並派「波羅尼都」往南疆招撫維族，命「霍集占」在伊犁掌宗教事務。

乾隆二十年（1755）定邊左副將軍阿睦爾撒納叛亂，小和卓卻依附阿睦爾撒納叛亂，妄圖取得西蒙古四部的統治大權。阿睦爾撒納的叛亂致使北將軍自殺，伊犁失守。乾隆二十二年（1757）清兩路大軍西征阿睦爾撒納，小和卓見勢不妙，逃往南疆，與其兄「波羅尼都」會合，繼續叛亂。乾隆二十三年（1758）在清軍和當地百姓的聯合進攻下，大小和卓逃往巴達克山（今阿富汗東北），後被巴達克山國國王素勒沙擒獲殺死，將和卓首級交給清朝。至此大小和卓叛亂失敗，乾隆二十七年（1762）設總理伊犁等處將軍、參贊大臣等，節制天山南北。

為了慶賀清軍平定伊犁和南疆大小和卓的叛亂，在普寧寺的東側修建了

普祐寺，普祐寺坐北朝南，依次是山門、大方廣殿、東西配殿、天王殿、法輪殿和東西配殿、經樓等。其中法輪殿是普祐寺的主殿供奉釋迦牟尼佛像，東西配殿供奉宗喀巴和其弟子等。普祐寺在建築布局和佛像鑄造上獨具特色，還是佛學院，設顯教博士、曆算博士、醫學博士和密宗博士，學僧經過嚴格的宗教知識和專業知識的學習後，需要經過雍和宮舉行嚴格的考試程序和莊嚴的宗教儀軌之後，授予合格的僧人。普祐寺作為清代建築，於 2006 年 5 月被國務院列入第六批全國重點文物保護單位。

7、廣緣寺

廣緣寺在普祐寺的東側，建於乾隆四十五年（1780），乾隆皇帝題寺額。上述寺院皆是清政府出資修建，而廣緣寺則是由藏族僧人出資修建的，其目的是為了給乾隆祝壽，六世班禪和蒙古王公彙集承德為皇帝祝壽，敬獻佛像。由普寧寺的藏族僧人提議他們出資寺院為皇帝祈福和表示對皇帝的敬意，得到恩准後，在原來賜予達什達瓦部居住地址，興建了廣緣寺，建築形式屬於漢傳寺院。現存山門、幢竿、天王殿、東西配殿、大殿和佛樓等。寺院修建完成後，除了理藩院撥給經費外，還賜予土地收取地租用於寺院的開銷。

元明清時期，佛教雖日益衰微，但作為京畿之地的河北，藏傳佛教在這一時期傳入並得到弘揚和發展。承德地區的寺廟具有漢藏文化融合的特色，寺院或藏式佛寺建築，或漢式建築或漢藏結合的特色。他們作為皇家園林和寺院，建築輝煌，規模宏大，代表了清朝前期佛教建築技術和藝術的最高成就，是一座中國民族建築的藝術博物館，也是民族團結的象徵，更是清廷對邊疆實行有效統治的體現。每座寺院建築和遺存碑銘等就像一座座豐碑，記載著清朝統一、各民族與中央政權的關係等。除了寺院建築本身，在殿堂內還保存著精美佛像、法器等藝術品，與建築相互呼應，構成了中國古建築和佛教藝術具有融合性和創造性的特點。這些佛教文化遺存為研究佛教不同宗派、各民族關係、邊疆政權與中央的關係提供了大量資料。

六、宣化府佛教文化遺存

（一）蔚縣重泰寺

自遼金以來，蔚縣一帶佛教興盛，據乾隆四年（1739）的《蔚縣志》記載，蔚縣一帶有高山廟、靈嚴寺、雙松寺、釋迦寺、觀音寺、興善寺、圓通寺、黃梅寺、聖泉寺、柳溝寺、禪雲寺、海山寺、上峰寺、鐵黎寺、雙陽寺、

金河寺、水月庵、妙音安、地藏庵、無量庵和法雲寺等。[註86]乾隆本和光緒本《蔚縣志》所記內容大同小異，都沒有提及重泰寺，而在新編的《蔚縣志》則提及了重泰寺，始建於遼代，是現存最早、規模最大的寺院。民間相傳，重泰寺是遼朝太子出家之所。明代弘治九年（1496）改建寺院，稱三聖寺，十六年（1503）重建，嘉靖年間曾賜名重泰寺，清朝改名羅漢寺。

重泰寺在蔚縣西北部的河川地帶，位於閻家寨、崔家寨和咸周村之間的高丘上，遠望寺院有樓、閣、殿、臺、塔、舍等，寺院宏偉壯麗，氣勢莊嚴。重泰寺坐北朝南，分為前院、中院、後院和東西跨院、塔林組成。在中軸線上依次有戲樓、山門、彌勒殿、千佛殿、地藏殿、釋迦殿、三教樓和後禪房。中軸線兩側對稱，分布鐘樓、鼓樓、二郎廟、關帝廟、羅漢堂、閻王殿、藏經樓、碑廊及配殿等。寺院以釋迦殿為重泰寺中的重要建築，單簷歇山布瓦頂，前出抱廈，甚是宏偉、莊嚴，殿內有保存完整的清代壁畫，繪畫風格與石家莊毗盧寺壁畫大致相近。

蔚縣重泰寺外景（圖58）

目前對於蔚縣重泰寺壁畫屬於北方水陸畫的範疇，與石家莊毗盧寺的水陸畫有相似之處，體現了儒釋道三教融合的局面。目前有關重泰寺研究還非常有限，只有《重泰寺水陸壁畫內容考》一篇文章。[註87]

〔註86〕清乾隆《蔚縣志》卷25，據乾隆四年刊布影印，見《中國方志叢書・塞北地方》第28號，臺北：成文出版社，1968年，第137～138頁。

〔註87〕戴曉雲：《重泰寺水陸壁畫內容考》，《故宮博物院院刊》2011年第4期。

　　下面是一組蔚縣重泰寺壁畫的照片，展現了三教融合和水陸壁畫不同的形象與繪畫風格。重泰寺的水陸以寶幡上書寫榜題的形式表現壁畫的組合，與毗盧寺和昭化寺的水陸畫榜題不同。

重泰寺三教樓儒釋道三教之釋（圖 59）

儒釋道三教之儒（圖 60）

儒釋道三教之道（圖61）

重泰寺水陸畫地藏王菩薩等組合（圖62）

蔚縣重泰寺壁畫之觀音救難的場面〔註88〕（圖63）

　　釋迦殿後為重泰寺最高的建築——三教樓，其建在高 7 米、長和寬各 6.8 米的磚砌臺基上。22 級臺基下巧設一人高孔道，臺階東西為僧舍，臺上磚砌十字孔牆。三教樓為單簷硬山布瓦頂，殿內正面壁畫為儒、釋、道三教創始人畫像，色彩明快圖像清晰。

　　重泰寺作為三教合一的寺廟，以佛教內容為主，兼有道教、儒教文化的內容，體現了中國傳統儒釋道三教文化在明清時期進一步融合和相互補充。

（二）懷安縣昭化寺

　　懷安縣的昭化寺，亦稱永慶禪師，是今張家口地區著名寺院，《懷安縣志》記載：「懷安人民信奉者，十居八九，雖田夫老婦亦知『輪迴』『因果』之說。

〔註88〕上述幾張蔚縣重泰寺的壁畫照片是孟亮先生提供，在此表示感謝。

是以境內佛廟頗多，其著者如縣城之臥佛寺、昭化寺、地藏寺。」〔註89〕昭化寺坐北朝南，沿中軸線由南向北依次是山門、天王殿、大雄寶殿、後殿，另有東配殿三間。根據徐建中先生調查可知，昭化寺是在永慶禪寺基礎上重修修建，始建於明正統元年（1436），正統八年（1443）建成，正統十年（1445）立碑紀念，即敕建昭化寺碑。〔註90〕「敕建昭化寺碑」是嘉議大夫巡撫大同宣府都察院右副都御史五羊羅亨信撰，嘉議大夫總督宣府等處邊儲戶部右侍郎東吳劉璉書並篆，大明正統十年歲次乙丑九月九日立石，瑞陽李銘鑴。1982年昭化寺入選為河北省重點文物保護單位，2001年被國務院列為第五批全國重點文物保護單位。

昭化寺的主要建築的大雄寶殿，殿內保存明代嘉靖年間的精美壁畫，內容豐富，繪製47幅水陸組合壁畫，面積93多平方米，共畫人物600多個。尤為寶貴的是遺存了明確紀年和畫工題記，在南壁西稍間金剛力士像左上方題「時大明嘉靖肆拾壹年在壬戌冬拾月初拾日吉時謹誌，畫工匠人任朝相，信士高呼、王安才、張永、宋正道……」〔註91〕明清時期，水陸畫在山西、河北等處非常流行，除了懷安縣昭化寺水陸壁畫外，河北現今保存毗盧寺水陸畫、蔚縣重泰寺水陸畫等也保存精美的水陸畫。這些水陸壁畫反映了明清時期民間繪畫特色，水陸畫題材儒釋道三教融合，也說明佛教發展進一步世俗化和中國民間化。

昭化寺北壁壁畫：東壁東次、稍間壁畫繪一佛、四菩薩、六金剛，及小坐佛三十四軀，佛居中結跏趺坐，菩薩、金剛分別繪於佛的兩側，上有祥雲。北壁西次、稍間所繪壁畫漫漶不清，依稀可辨居中佛像，左右兩側各繪菩薩、金剛。東壁由北向南繪聖僧羅漢、玉皇大帝、無色界四空天眾、色界四禪天眾、欲界上四天主並諸天眾、星主北極紫薇大帝、太乙諸神五方五帝等眾、上清十一曜星君等眾、天地水府三官北極四聖真君、角亢氐房心尾箕斗牛女虛危室壁星君眾、奎婁胃卯觜參井鬼柳星張翼軫星君眾、天曹府君掌祿算諸司判官、往古帝王王子王孫文武官僚眾、阿修羅大羅剎等眾、般支迦大將矩

〔註89〕清乾隆《懷安縣志》卷2，據乾隆四年刊布影印，見《中國方志叢書·塞北地方》第27號，臺北：成文出版社，1968年，第80頁。

〔註90〕參見徐建中：《昭化寺始建年代及明代修繕情況調查》，《文物春秋》1994年第3期。

〔註91〕河北省古代建築保護研究所編：《昭化寺》序，北京：文物出版社，2007年，第10頁。

畔拿等眾、冥府十殿王官等眾、地府三司六案地府都司判官眾、地府五道將
軍牛頭阿傍五瘟使者、枉濫無辜銜冤抱恨赴刑都市誤死針醫橫遭毒藥諸產
亡等眾、投崖赴火嚴寒自焚兵戈蕩滅水火漂焚□數孤魂諸鬼等眾。西壁壁畫：
西壁由北向南繪□□□羅漢眾、天藏王菩薩后土聖母眾、忉利帝釋天主並諸
天中、大梵天主並諸天眾、北斗土星左輔右弼等眾、南斗六星火鈴將軍等眾、
十二宮辰星君等眾、五嶽大帝江河淮濟四瀆源王眾、十二元辰星君等眾、主
風主雨主雷主電諸龍神眾、阿利帝母大羅剎等眾、太歲大煞黃幡豹尾神眾、
水府扶桑□林大帝等眾、陂池井泉諸龍神眾、護國護民城隍社廟殿塔迦藍眾、
九禹十八獄主等眾、陰官奏書竈官五鬼神等眾、金銀銅鐵五湖百川諸龍神眾、
四值功曹順濟龍王安濟夫人等眾、往古宮嬪姝子列女孝子順孫等眾、嚴寒大
暑客死他鄉仇冤報恨，病疾纏綿自縊六道四生有情眾等。南壁繪金剛等。

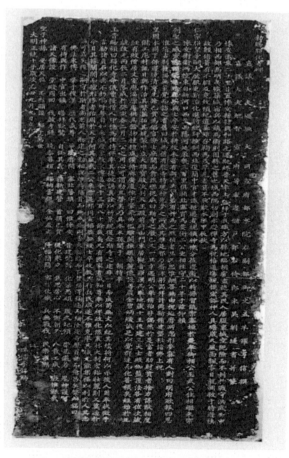

明敕賜昭化寺碑（圖 64）

北壁東次、稍間佛、菩薩、明王等（右面）（圖65）

北壁東次、稍間的佛、菩薩、明王（左面）（圖66）

北壁東次、稍間佛像（圖 67）

北壁西稍間金剛（圖 68）

東壁上層繪玉皇大帝無色界四眾（圖 69）

東壁上層繪色界四禪天眾（圖 70）

東壁上層繪欲界四天主與諸眾（圖 71）

太陽神與月光娘娘〔註92〕（圖 72）

〔註92〕上述昭化寺水陸壁畫來自河北省古代建築保護研究編《昭化寺》之中。

　　昭化寺壁畫儒釋道三教諸多神靈、帝王將相、賢士名流、后妃侍女、孝子賢孫等眾多人物，以佛教神靈、人物為主，以儒道神靈、人物為輔，將儒釋道有機組成不同組合和場景。昭化寺壁畫，繼承了我國古代壁畫的傳統畫法，在構圖、線描、用色和刻畫人物性格方面，達到了很高的水平，人物形象生動，神態各異，栩栩如生。繪畫技法嫻熟、筆力灑脫，線條流暢自如，畫面旗蟠衣帶，隨風飄拂，可以看到「吳帶當風」的藝術淵源。〔註93〕昭化寺壁畫由民間畫工繪製完成。從昭化寺壁畫神靈、人物組成等內容判斷，可與毗盧寺水陸壁畫相媲美。

　　河北不僅遺存了明清時期豐富而精美的水陸壁畫，而且水陸畫繪製至今在河北民間非常流行，邯鄲廣平縣水陸畫入選「第四批國家級非物質文化遺產名錄」。河北形成了從邯鄲、石家莊、張家口一線的水陸畫流行地區。不論是歷史悠久的水陸壁畫資源，還是民間流行的水陸畫技藝等寶貴資源，既為學界研究提供了重要歷史和現實材料，具有重要的歷史、宗教、文獻和藝術價值，也是可以充分挖掘和利用的文化旅遊的資源。

　　綜上，河北佛教經歷漢、魏、晉、南、北朝傳入與認同，隋唐繁榮興盛，宋遼金發展的多元融合以及元明清漢藏佛教進一步融通發展，真正體現了「釋老之教，行乎中國也，千數百年，而其盛衰，每繫乎時君之好惡」。〔註94〕在一千多年發展歷程中存留的文獻、文物、佛教建築和碑刻卻成為珍貴的佛教文化遺產，既見證了歷史上佛教文化的輝煌，也反映了佛教發展過程中的滄桑，更是人類社會所承襲下來的前人創造的一切優秀文化財富。河北地區佛教的盛衰既不能脫離中國特定的歷史背景，也與當時的政治、經濟、文化有著密切關係。

〔註93〕徐建中：《昭化寺大雄寶殿壁畫初探》，《文物春秋》1996年第1期。

〔註94〕（明）宋濂等撰：《元史》卷202《釋老傳》，北京：中華書局標點本，1976年，第4517頁。

第五章　河北佛教文化旅遊資源的優勢、問題與相關建議

　　通過上述章節的梳理，歷史上河北的政治、文化、經濟中心多有變化，加之各地地形地貌、自然風景、文化發展各有不同等，成就了不同的佛教文化發展，遺存了豐富而各具特色的漢藏佛教文化遺產、民間佛教信仰文化遺產、石窟藝術文化遺產和禪宗文化遺產等。據河北省文物局統計，現存不可移動文物有 3 萬多處，全國重點文物保護單位 163 處，省級文物保護單位 930 多處，市縣級文物保護單位就更多，其中佛教文化遺存占相當比例。這些物質的和非物質的佛教文化遺存既體現著中華民族的生命力和創造力，是各民族智慧的結晶和全人類文明的瑰寶，更是河北文化旅遊中重要組成部分和開發文化旅遊的依託，河北可充分利用佛教文化遺產中的旅遊資源非常豐富。河北各級相關政府部門可按地區或跨地區對佛教文化遺存進行整合、保護和利用。

第一節　河北佛教文化旅遊資源的潛在優勢

　　佛教文化旅遊作為文化旅遊的重要組成部分，有著廣闊的發展前景。截止 2018 年 5 月，河北省共有國家級歷史文化名城 6 個，即承德市、保定市、正定縣、邯鄲市、山海關區、蔚縣等；河北省有歷史文化名鎮 8 個，即蔚縣暖泉鎮、永年縣廣府鎮、邯鄲市峰峰礦區大社鎮、井陘縣天長鎮、涉縣固新鎮、武安市冶陶鎮、武安市伯延鎮、蔚縣代王城鎮；河北省共有國家級自然保護區 13 處，即霧靈山、紅松窪、灤河上游、塞罕壩、茅荊壩、小五臺山、大海陀、昌黎黃金海岸、柳江盆地地址遺跡、衡水湖、駝梁、青崖寨；省級

26 處，市級 2 處，縣級 5 處；河北省共有 4 項世界文化遺產，涉及 8 處，即萬里長城——山海關、金山嶺，承德避暑山莊及周圍寺廟、明清皇家陵寢——清東陵、清西陵，中國大運河——衡水景縣華家口夯土險工、滄州東光縣連鎮謝家壩、滄州至德州段運河河道；河北省共有國家級風景名勝區 10 處，即承德避暑山莊——外八廟、秦皇島——北戴河、野三坡、蒼岩山、嶂石岩、西柏坡——天桂山、崆山白雲洞、太行大峽、響堂山、媧皇宮，還有省級風景名勝區 39 處。文化旅遊資源非常豐富，很多佛教文化旅遊資源集中在國家級歷史文化名城之內，即承德市、保定市、正定縣、邯鄲市、蔚縣等之中，承德避暑山莊和外八廟，保定大慈閣、直隸總督府、蓮花池、清西陵和野三坡等，邯鄲響堂山、媧皇宮和諸多寺院建築，正定隆興寺、臨濟寺和趙縣的柏林禪寺，蔚縣的小五臺山等形成了良好的人文與自然結合旅遊群。

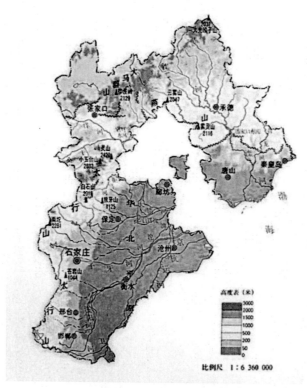

河北地形圖（圖 1）

　　歷史上京津冀三地的佛教文化緊密地聯繫在一起，且佛教文化旅遊資源在全國佔據優勢，「截止至 2018 年，河北省共有 4 項世界遺產，涉及 8 處：

萬里長城、承德避暑山莊及周圍寺廟、明清皇家陵寢、中國大運河，排名第 5，僅次於北京（7 項）、河南（6 項）、四川（5 項）和雲南（5 項），在全國屬於第一梯隊行列。鑒於京津冀三地文化地理上的整體性，加上京津兩市，共有 8 項世界遺產，占中國全部 53 項（僅次於意大利居世界第二位）世界遺產數的15%，而在東部其他兩大城市群中，長三角共有 5 項世界遺產，珠三角則僅有3 項（含澳門），比較來看，京津冀占絕對優勢。」〔註1〕河北佛教文化旅遊資源的優勢主要體現在以下方面：

一、邯鄲石窟文化與禪武文化資源

（一）響堂山佛教石窟與石造像資源

　　響堂山石窟位於今河北邯鄲市峰峰礦區，分為南響堂山（亦名滏山）石窟、北響堂山（亦名鼓山）石窟和水浴寺石窟（小響堂），此外還有涉縣的中皇山摩崖石刻。這些佛教文化遺存在河北境內屬於南北朝時期，是東魏、北齊佛教文化的中心，響堂山石窟是我國遺存的佛教造像石窟藝術之一，其規模雖然不及敦煌莫高窟、龍門石窟、雲岡石窟，但響堂山石窟中存在大量北齊刻經卻是獨具特色的。

　　鄴城是曹魏、後趙、冉魏、前燕、東魏、北齊等六個朝代的都城，南北朝時期，以鄴城為中心的周邊地區是北方佛教聖地之一，鄴城及周圍地區佛教興盛，寺院佛塔林立，僧尼眾多，民眾信仰興盛，開窟造像屢見不鮮。作為北朝佛教發展的一個中心地區。上至王公貴族，下至平民百姓，對佛像崇拜、佛經供養也表現出極大的熱情。

　　鄴城及其周邊地區佛教寺院眾多，諸多寺院重新修建，如邯鄲爆臺寺、月愛寺、榕華寺、大乘玉佛寺、定國寺、玄空寺，峰峰礦區的柳泉寺、大鐘寺、峰贈寺，永年縣佛光禪寺和佛醫濟世醫院、甘露寺、觀音閣、天王寺、鐵龍寺、金光寺、安仁寺、開元寺等，武安縣龍泉寺、菩安寺、紅山寺、雲岩寺，魏縣的觀音寺、吉祥寺、天宮寺，臨漳的北佛寺等，磁縣的龍泉寺，涉縣的開法禪寺、昭福寺等重新修建完成。有些古寺已重新修復或正在修復，而有的寺院遺址被發掘，在鄴城趙彭城佛寺發掘東魏、北齊皇家寺院遺址還出土了豐富的北朝造像，現建有臨漳造像博物館，向世人展出部分出土的佛教造像。

〔註 1〕文健：《京津冀世界級旅遊城市群的建設路徑研究》，《法制與社會》2019 年 7月下旬。

（二）鄴城禪文化與禪武文化資源

鄴城佛教興盛，吸引不少僧人來此弘法或學法，北魏時，達摩禪師北上至洛陽，後在少林寺面壁九年，在洛陽、鄴城一帶弘傳禪法，收慧可等人為弟子。菩提達摩傳法慧可，慧可來至鄴城弘法，又傳法僧璨。達摩、慧可、僧璨都曾在鄴城一帶弘傳達摩禪法。成安縣的二祖寺、匡教寺與中國禪宗祖師達摩和二祖慧可有密切關係，水峪寺石窟與三祖僧璨也有密切關係。禪宗三位祖都與鄴城有密切關係，北周滅佛，慧可、僧璨南下，在司空山、天柱山一帶發揚光大，使司空山和天柱山成為又一禪文化的中心。達摩禪法的弘傳線路從河南少林寺、河北邯鄲匡教寺和二祖寺、安徽天柱山和司空山、湖北黃梅四祖寺和五祖寺一直延伸到廣東曹溪六祖的禪宗文化旅遊線路。

南北朝時期河洛、鄴城成為早期禪宗文化的中心，還曾出現禪與中國武術的結合發展，形成了延續至今的禪武文化。禪法與中國傳統武術相結合是佛教中國化的表現形式之一。禪武文化也成為現代社會比較有特色的文化之一，追溯禪武的淵源，學界說法不同，主要存在南北朝說、隋唐說、元明說。前兩種觀點，目前尚未得到史料佐證，而後一種觀點，據各種文獻記載，依稀可梳理出它的基本脈絡，並絕對不晚於明中期，少林寺內的習武已成規模，並以勇武而聞名於世。〔註2〕但對於禪武文化的出現，學界認為或與少林武術有密切關係，或與達摩、僧稠有一定關係。

有人提出禪武文化與達摩、《易筋經》有關，與少林寺習武有關，也有學者認為禪武與少林寺第二任住持僧稠有關，是鄴城人僧稠將禪法和武術結合在一起，認為「鄴下著名武僧稠禪師是少林武術最早的開創者和奠基人」。〔註3〕儘管僧稠作為禪武文化的奠基者的觀點非常勉強，但自曹魏以來鄴城、洛陽作為政治、經濟、交通和文化中心之一。鄴城、洛陽、晉城等地禪修興盛，僧眾坐禪疲勞之時，舒展筋骨，從事一些鍛鍊，如瑜伽、武術等活動，也是自然之事。另外，隨著佛教在中國的發展，寺院和僧人開始有財產，也需要在亂世中加以保衛。這可能是禪法與活動動作有聯繫的開始。邯鄲還是太極文化之鄉，有楊氏太極、武氏太極和張氏太極都發源於此，太極文化與禪武文化結合也是邯鄲文化的一大特色。

〔註2〕周偉良：《「武中道場」的歷史源起評述——兼論少林武術起源》，《北京體育大學學報》2012年第2期。
〔註3〕程鵬宇：《禪宗達摩與少林寺和禪林武術》，《武術科學》2005年第2期。

邯鄲地區既有早期禪宗文化、僧稠禪師的禪武文化，也有唐代的臨濟禪文化，大名曾是義玄和弟子存獎弘法臨濟禪定之處，他們住大名興化寺，臨濟禪法從鎮州到大名，再傳播到河南，乃至大江南北。

（三）邯鄲可延伸旅遊資源

鄴城位於今河北省最南端，西面依據太行山，東、南、北方面是開闊的平原，交通便利，往南與河南安陽在歷史淵源上關係密切，與安陽、洛陽在歷史上屬於同一文化區域。北方不同地區出現的規模宏大的石窟建築，如敦煌的莫高窟，洛陽的龍門石窟，大同的雲岡石窟等等，既是著名的學術研究基地，也是旅遊文化的聖地。鄴城、安陽、洛陽、麥積山、河西敦煌石窟等文化一脈相承。邯鄲地區遺存石刻經主要來自西北、南方和本地譯經，進而分析了古代鄴都作為政治、經濟、文化中心，與絲綢之路文化進行交往的前提條件等，為不同地區譯經的傳播提供了保證。佛教文化在兩漢之際沿著陸路絲綢之路和海上絲綢之路源源不斷地傳入中土，到南北朝十六國時期出現一個發展高峰期。雖然南北朝時期政局混亂，戰亂不止，但不同民族人員間的交往和不同地域文化的交流並未受到阻隔。邯鄲地區北齊石刻經的保存，既反映了不同民族對文化的需求和文化本身具有較強的生命力，也體現了絲綢之路通暢不僅給不同地域僧人往來提供了交通方便，促進東西南北僧人間友好交流和相互影響，而且也見證了絲路對於文化傳播的深遠影響。

鄴城往北沿太行山麓與晉陽等交往密切，晉陽作為北齊的陪都，南北朝時期以鄴城為中心，開闢了鄴城、晉陽的通道，沿途佛教文化得到很大的發展。其中媧皇宮摩崖石刻藝術與太行山自然景區，如武安太行山大峽京娘湖，朝陽溝景區，長壽村景區、七步溝景區、古武當景區等結合起來，並利用學者挖掘的本地文化資源，將趙都文化、磁州瓷文化、邯鄲非物質文化遺產等與文化遺存結合起來，將歷史文化與自然風光相互結合，滿足人們假日修建休閒娛樂。

總之，邯鄲不僅有珍貴的佛教文化資源，還有豐富的太行山自然風景旅遊資源，又形成人文與自然相互補充的旅遊景區。鄴城是古代歷史上著名的都城，佛教文化發達，形成了以響堂山石窟為中心，兼及周邊寺院、邯鄲博物館、臨漳造像博物館的石窟藝術、石刻佛教、佛教石造像以及禪宗文化旅遊、廣府古城、太極文化等諸多資源。一方面可調動學者積極性展開研究，深入挖掘達摩、慧可、僧璨和臨濟禪、臨濟祖師等詳細資料，瞭解早期禪宗文化形成發展、

臨濟禪宗創立傳播、石窟文化、古城與太極文化等，從學術上深入挖掘邯鄲文化內涵底蘊，進行學術宣傳；另一方面邯鄲、正定同在河北，禪宗文化有深厚的基礎，各級政府加強合作，加強兩地間的交流和合作，共同開發臨濟文化、禪武文化和太極文化的資源，發展禪宗文化旅遊，為民眾強身健體服務。邯鄲地區交通發達，可與河南、山西加強省際間文化旅遊合作。

邯鄲地區人文旅遊資源、自然旅遊資源豐富，且交通便利，可將禪宗文化、禪武文化與響堂山石窟藝術、中皇山刻經和太行自然風景相互結合，完善交通和配套服務，可打造滿足不同人群需要人文旅遊、自然風景旅遊、人文與自然結合的旅遊，突出旅遊的特色和加大宣傳力度，並進行省際共同開發建設，本著互利互贏的方式發展旅遊文化產業，吸引更多的遊客到這些地區進行旅遊遊玩和娛樂消費。使豐富的文化資源共同為河北旅遊業服務，為經濟建設和文化建設服務，使省內外、國內外遊客更多瞭解禪文化、臨濟文化和河北文化等。

二、邢臺——邯鄲的觀音文化資源

邯鄲北上至邢臺，邯鄲廣府的觀音信仰、邢臺南和妙善公主傳說和《高王觀世音經》的流行等形成了比較有特色的民間觀音文化的特色旅遊，借助相同或相近的發展資源，加強不同區域合作發展，互利共贏。

觀音菩薩是一位能應聲救度、充滿慈悲、普門示現的救度者。隨著《妙法蓮華經》的傳入翻譯以及《觀世音菩薩普門品第二十五》(《觀音經》) 單獨流行，極大促進了觀世音信仰在中國的傳播。唐宋大量密教觀音經典譯出，又豐富了觀世音菩薩的形象，突出了誦讀陀羅尼，都可以得到觀世音菩薩救渡，獲得各個方面的利益和智慧。密教觀音多頭、多臂、多眼的特徵，或結契印，或執各類法器，表示周遍無邊和救度無窮，與世人的日常生活和活動密切相關。正定隆興寺的千手千眼觀世音像、承德普寧寺千手千眼觀世音像等屬於密教形象。觀世音菩薩的聲望也不斷得到提升，出現了具有中國特色的民間觀音信仰。

（一）觀音偽經與廣府甘露寺觀音信仰

1、觀音偽經

觀世音菩薩尋聲救苦，拔苦與樂的慈悲願望迎合了廣大信眾希望擺脫現實苦難和往生西方淨土的雙重心理需求，中國人對觀世音菩薩寄予了美好的

感情。觀音崇拜深入民眾信仰之中，觀音偽經大量出現，以《高王觀世音經》傳播較早，也最為著名，在敦煌吐魯番文獻、黑水城文獻中皆有保存，但《高王觀世音經》的產生與河北有密切關係。

《高王觀世音經》為什麼稱高王？學界認為，高王可能與王玄謨（388～468）、盧景裕（？～542）、孫敬德或北齊的奠基人高歡（496～547）等人有關。考證這些歷史人物，他們雖都有誦《高王觀世音經》得以免死免罪的記載，但與高王身份最為相符的應是北齊奠基人高歡。孫敬德和盧景裕與高歡都有交往，高歡是東魏丞相，掌控東魏十餘年，與盧景裕的關係最為密切。南北朝時河北、山西一帶出現了借鑒當時流行的觀音經典而編撰的《高王觀世音經》。在定州、鄴城等地出土石造像有大量觀音菩薩等，這說明南北朝時期河北地區的觀音信仰已經非常興盛。

不僅觀音偽經《高王觀世音》與河北有密切關係，而且在民間更是將觀音人格化，出現了觀音轉世娑婆世界的妙善公主的孝女形象，也出現了民間人士根據觀音經典演繹而成的《香山大悲菩薩傳》等。河北地區觀音信仰興盛，有關妙善公主的傳說在河北流行兩個版本，一種傳說與邯鄲廣府甘露寺有關，一種傳說與河北邢臺南和縣白雀庵有關。

2、南陽公主的信仰

邯鄲永年縣廣府甘露寺，始建於隋末唐初，初名「百草寺」，為南陽公主出家之地，2006 年開始修復，現已修復完成。有學者認為南陽公主即是妙善公主，南陽公主的信仰與廣府甘露寺、石家莊的蒼岩山有關係密切，與隋朝的皇后、公主也有一定聯繫。《隋書》和《北史》所載文獻皇后死後，被尊稱「妙善菩薩」，「妙善菩薩」之稱既顯示了皇后生前仁慈愛民、福善禎符的品德，也與隋代佛教興盛有關。有學者認為文獻皇后的孫女南陽公主，也就是隋煬帝的長女，被竇建德解救後，在廣府甘露寺出家，為表示對祖母的尊敬和祖母信仰佛教的尊重，南陽公主出家後法名「妙善」，民間將南陽公主附會為「妙善公主」。

南陽公主的傳說不僅在邯鄲流傳，而且也傳至蒼岩山一帶，民間的蒼岩聖母信仰又與隋煬帝之女南陽公主有關，南陽出家後遊歷四方，利用在宮中學到的醫術在當地百姓治病，救度百姓的苦難，留下許多動人故事，南陽公主圓寂後被尊為蒼岩聖母。

至於法名「妙善」的南陽公主與後世民間流行的妙善公主之間是否有所

聯繫，未見任何記載，很難作出合理的判斷，但南陽公主救難的傳說在河北一些地區廣為流傳，說明救苦救難的觀音信仰深入世人心中，並將觀音信仰加以世俗化和本地化。

（二）邢臺南和妙善公主

妙善公主信仰也是觀音信仰中國化的具體表現，妙善公主的故事最早的傳說可追溯到唐道宣法師（596～667），在蔣之奇所作的《香山大悲菩薩傳》和蔡京（1046～1126）的《香山大悲菩薩傳碑》（俗稱《蔡京碑》、亦稱《千手千眼觀世音菩薩得道正果史話碑》）之後，妙善公主的傳奇故事在河南、河北一帶逐漸流行。

妙善公主的傳說何時傳入河北沒有明確的記載，但妙善公主的傳說與香山、白雀庵有一定聯繫。河北邢臺南和有座白雀庵，被認為是妙善出家之地。《觀世音與白雀庵》認為，「妙善公主是興林國人，歷史上的興林國存在於南北朝的北齊北周時期，興林國建在古邢州的和邑（今河北邢臺南和縣）一帶，都認為觀音菩薩從南和白雀庵出家，她的家鄉本在南和。白雀庵始建於南北朝時期，歷經滄桑，幾度浮沉，曾在北周時期被妙莊王火焚，重建後，因妙善圓寂成佛而香火旺盛，隋唐時期最為鼎盛。」〔註4〕

妙善公主故事是觀世音菩薩信仰中國化的結果，民間的妙善公主的傳說雖內容簡單，但情節跌宕起伏，主題鮮明，將佛教捨身、因果報應、救度地獄眾生的佛教觀念與中國傳統儒家孝行完美結合。妙善公主生在人世間，長在人世間，深知世間百姓的憂苦，立志出家修習，度化眾生，把示現無方的觀音菩薩演變為鮮活的人間公主，完全生活化、世俗化和民間化。

河北邢臺南和縣將白雀庵作為妙善的道場，南和白雀庵有永樂丙申歲（1416）《觀音古佛原敘》，民國丙戌年（1946）《觀音濟度本願真經》（即《觀音本傳》），清庚戌年（1910）的《觀音濟渡本願真經》等，妙善公主生在南北朝時期南和縣一帶的古興林國，故事情節演化的更加複雜，內容也越來越豐富。觀音信仰在流傳和演變過程中被世俗化、民間化，匯聚了大量的中國文化內涵，出現了集大慈大悲和大孝大愛的妙善公主的形象。河北邢臺南和的白雀庵成了妙善公主的故里，也成為觀音信眾心中的聖地。

〔註4〕王兆榮、王芳著：《觀世音與白雀庵》，北京：社會科學文獻出版社，2008年，第46、47頁。

　　妙善公主的傳說在北京一帶也有流傳，北京海淀的大慧寺（俗稱大佛寺）、昌平的和平寺都有妙善故事壁畫保存，其中北京大慧寺（俗稱大佛寺）是明太監所建，主尊供奉千手千眼，東、西兩個牆壁上則描繪妙善傳記故事，即妙莊王宣旨嫁女、妙善拒婚出家、妙莊王欲以情感感化妙善易志、妙善被禁白雀庵、妙莊王加害妙善，妙善遊地獄，妙善香山得道，妙莊王得病，妙善施手眼救父，妙莊王皈依佛法等，這些內容基本源於《觀音濟渡本願真經》等。不論妙善公主的故事流傳過程中內容發生怎樣變化，說明觀世音菩薩成為中國民眾的普遍信仰。

　　目前，我國正在走向文化、經濟大發展、大繁榮的時代，邢臺南和縣十分注重佛教歷史文化研究，為弘揚地方文化特色，探討觀音文化如何發揮歷史、文化以及民間影響力等優勢，積極融入「一帶一路」戰略中，為河北經濟文化發展起積極帶頭作用。1995 年南和縣白雀庵重建大雄寶殿，2002 年能文法師圓寂，中國佛教協會副會長、河北佛教協會會長淨慧法師曾前來主持法事，現任住持是貴悟法師。

　　河北邢臺南和、北京地區的妙善公主信仰、邯鄲廣府甘露寺南陽公主信仰和《高王觀世音經》的流傳都說明，邯鄲—邢臺—北京一帶觀音信仰非常興盛，我們可以深入挖掘邯鄲、邢臺的觀音信仰傳統和歷史，聯合北京地區寺院的遺存，共同打造以觀音文化為前提的特色旅遊發展。

　　此外，邢臺還有豐富的天然風景區，邢臺市有國家 AAAA 級旅遊景區 7 家，國家 AAA 級旅遊景區 1 家，國家級風景名勝區 2 個，國家地質公園 2 個，國家森林公園 2 個，國家水利風景區 3 個，中國歷史文化名村 2 個，如邢臺峽谷群、雲夢山風景區、大峽、扁鵲廟、豐樂園、天河山、天梯山、崆山白雲洞、九龍峽、前南峪等。邢臺還有始建於十六國時期大開元寺和淨土寺；建於唐代的玉泉禪寺；保存元代建築特色的佛寺及碑銘遺存等。隆堯碑刻館收藏自北魏至民國的碑刻 50 通，墓誌及其他以文字為主的石刻等，共 60 多件，涉及佛教的有《隋刻妙法蓮華經隨喜功德品第十八》《唐李惠寬造現劫千佛並法華經銘》《唐安樂寺碑》《唐遵善寺碑》《唐尚禮石佛寺碑》《唐光業寺碑》《唐永康寺碑》《唐龍華寺碑》《金敕賜崇福院記碑》《金三千佛碑》《元至正十六年光武靈應碑》《明重修石佛寺碑記》《清重修石佛寺碑》《萬善同歸碑》等。豐富的佛教文化遺存又可與自然風景結合，開闢新的文化旅遊線路等。

三、石家莊——正定禪宗文化資源

隋唐時期，佛教各大宗派正式形成，但對中國民眾影響最大的依然的禪宗和淨土。禪宗的興盛與河北正定和趙縣有著十分密切的關係。河北正定臨濟禪的發源地，而趙縣柏林禪寺是趙州禪的發源地，加上邯鄲二祖寺和匡教寺的早期禪宗歷史文化，以及毗盧寺和隆興寺的佛教建築和繪畫藝術、定州佛塔、保定佛教遺跡等，在突出河北禪宗文化旅遊特色的同時，配以佛教建築、藝術以及太行山自然景觀開發旅遊。

正定佛教是河北佛教的一個縮影，正定作為陸路佛教傳播的末端，佛教及其藝術發展與河西，甚至西域佛教發展的異同點比較研究，注重文化傳承、延續和發展。南北朝、宋遼金元時期正定又處在不同民族文化融合地區，其佛教發展具有不同民族文化雜糅的特點。元明清時期，正定作為京畿重要地區，南來北往的交往繁榮，不同地區文化的融攝也是需要要研究和考慮的內容。

作為歷史重鎮的正定自南北朝起一直是府、州、郡、縣所在地，直到近代，正定仍是華北平原上的重鎮，位於太行山東麓，與北京、保定並稱為北方三雄鎮，是拱衛北京的咽喉。正定不僅是一座北方的雄鎮，有「北臨京師，南通九省」的京畿屏障，交通位置十分重要；而且也是一座著名的歷史文化名城，城門古樸，城牆厚實，古蹟凝重，素有「三山不見，九橋不流，九樓四塔八大寺，二十四座金牌坊」之美譽。「四塔」是指天寧寺高聳入雲的凌霄塔，廣惠寺造型奇特的華塔，開元寺端莊秀麗的須彌塔及臨濟宗發祥地的澄靈塔；「八寺」則指隆興寺、廣惠寺、天寧寺、開元寺、臨濟寺、崇因寺、洪濟寺和舍利寺等。現在正定古城內有八處國家級重點文物保護單位，隆興寺、廣惠寺、天寧寺、開元寺、臨濟寺等遺存充分反映正定文化的歷史和臨濟禪宗文化的歷史，被譽為「中國佛教文化重鎮」，為研究河北佛教文化和文獻提供了豐富而寶貴的資料。

義玄創立的臨濟文化源遠流長，影響到世界各個地區，有「臨濟臨天下，曹洞曹半天」的說法。臨濟宗傳到日本之後，曾出現「學徒雲集，朝野尊尚」的風氣。

日本臨濟宗之普化宗尊唐朝普化禪師為鼻祖，唐朝和尚普化禪師曾住臨濟院，並圓寂於此，普化和尚行為怪異，常搖鈴行化世間或墓地，「唯振一鐸，佯狂街市，或居冢間，至是咸通元年（860），振鐸凌空，隱隱而逝」。普化和尚在世時，曾有河南府張伯仰慕普化和尚之風範，遂以竹管微仿鐸音，稱為

「虛鐸」，後又有張金、張範、張雄、張參等人承其風。南宋淳熙年間（1241～1252）日本心地覺心來宋，至舒州靈洞護國寺，與張參等為同門，聽聞張參等吹奏虛鐸，讚歎虛鐸為妙曲清調，並將其傳至日本，建立普化庵，成為明暗流尺八。自 2017 年、2018 年、2019 年連續三年，日本尺八演奏者塚本竹仙帶領他在中國的弟子在臨濟寺進行尺八演奏，把尺八再回傳中國。日本臨濟宗尊臨濟寺為祖庭，視澄靈塔為祖塔。義玄禪師在正定創立臨濟宗，之後廣傳南方、遠傳日本、韓國，佛教作為民間外交在對外交往中的作用也十分值得探究。

除了正定外，還有趙縣柏林禪寺的趙州禪。唐大中十一年（857）從諗禪師來至趙州，住錫弘法 40 年，僧俗共仰，尊為趙州古佛。趙州和尚的「庭前柏樹子」「吃茶去」的公案至今都是佛教界美談。義玄創立臨濟宗，受到從諗禪師的影響，也得到從諗禪師的大力輔佐。趙州禪和臨濟禪在河北創立並不斷發揚光大。石家莊、正定、趙縣、保定形成了禪宗文化品牌，弘揚禪宗文化，並提供禪修和養生為一體的旅遊。

石家莊贊皇嶂石岩以「丹崖、碧嶺、奇峰、幽谷」聞名於世，嶂石岩大型天然回音壁，是國家地質公園；以嶂石岩命名的嶂石岩地貌，和丹霞地貌、張家界地貌並稱為中國三大旅遊砂岩地貌。以石家莊、正定佛教文化為中心，禪宗文化興盛，以臨濟寺、柏林禪寺為主體打造禪宗文化和茶禪文化旅遊，並結合正定佛寺、佛塔、碑銘、名人故居、趙州橋、自然風景等發展多條文化旅遊線路。

四、保定——定州佛教與京畿文化資源

保定地區不僅佛教文化資源豐富，如著名的定州塔、大慈閣、兜率寺、大佛光寺，還有著名的清西陵、直隸總督府、滿城漢墓等古蹟名勝，更有著名自然景區，如避暑勝地野三坡、華北最為古老的蓮花池、白石山世界地質公園、白洋淀等。保定淶源白石山、淶水野三坡，是太行山典型的峰林峽谷地貌，山體雄偉、奇峰林立，有世界地質公園之美譽，保定旅遊文化與太行山環境保護和發展息息相關。

保定在北京、石家莊之間，交通方面高鐵便捷，是京津冀地區中心城市，也是中國（河北）自由貿易試驗區組成部分。保定與北京相伴而生，保定有「保衛大都，安定天下」之意，歷來為京畿重地和「首都南大門」，有「北控

三關，南達九省，畿輔重地，都南屏翰」之稱。保定地區為燕國、中山國、後燕立都之地，北魏設清苑縣，五代時設奉化軍，後升泰州，北宋時保定作為宋遼邊境地帶，是宋的軍事重鎮。金時為保州為順天軍節度使駐地，蒙古軍隊南下，滅金，保州被毀，元代重建，屬於腹裏地區。明代朱棣遷都北京，設保定府。清代，保定為直隸省省會，是直隸總督駐地，保定作為畿輔重點，自 1669 年至 1968 年三百年間，為河北政治、經濟、文化、軍事中心以及中國區域性政治中心。

2017 年國家設立雄安新區的規劃建設，為保定的發展帶來很大機遇，加大力度保護保定優秀傳統佛教文化遺產、定州塔、清西陵等文化遺產，優化保定到清西陵、保定與定州的公共交通，完善服務水平，促進保定與京津地區的文化旅遊對接，加強中外佛教文化宣傳和交流，進而發展北京、保定、石家莊、正定的旅遊線路，吸引更多遊客參觀旅遊。

五、承德——張家口漢藏佛教與草原文化資源

承德避暑山莊是中國古代帝王宮苑，清代皇帝避暑和處理政務的場所。位於河北省承德市市區北部。始建於康熙四十一年（1703），歷經清康熙、雍正、乾隆三朝，耗時八十九年建成。與全國重點文物保護單位頤和園、拙政園、留園並稱為中國四大名園。

1961 年國務院將避暑山莊及周圍寺廟中的普寧寺、普樂寺、普陀宗乘之廟、須彌福壽之廟列為第一批全國重點文物保護單位。從 1976 年到 2006 年，國務院先後批准實施了三個《避暑山莊外八廟十年整修規劃》，明確了以「搶救和整修」為主的保護原則，國家和地方政府相繼投入幾億元專項資金用於古建維修和園林整治，並投入大量資金用於文物保護區周圍環境的綜合整治。

承德既有漢文化傳統也有草原文化的特色，既有漢傳佛教文化遺產也有藏傳佛教文化要素，是多民族多文化相互吸收融合的典範。我們可以充分利用文獻資源，瞭解承德發展歷史和佛家發展脈絡，以承德為中心，依託普寧寺等眾多佛教遺跡，加大開發投入和開發力度，把漢傳佛教和藏傳佛教文化因素、把周邊草原風景旅遊納入其中，使遊客既能領略大自然的美好風光，又能感受中華文化的博大精深。並以張家口相關聯，建立山區草原度假休閒和佛教文化為主的旅遊文化區，把古老的遼金元明清文化與現在文化貫穿起來。

與承德、北京相鄰的張家口既有壩上的綠色草原、山水的塞外風光，也

有古老佛教文化，張家口地區遺存雲泉寺（建於明洪武二十年，即 1393 年）、伏魔寺（建於明朱棣時期）、柏林寺（石佛寺，始建於明正德十年，即 1512 年）、金靈寺、永寧寺（也稱中寺，遼聖宗太平四年，即 1024 年）、清涼寺、釋迦寺（臥佛寺，始建於明洪武年間）、靈巖寺、暖泉寺（三個寺院都屬於全國文物保護單位）、昭化寺（建於明洪武二十五年，即 1392 年）、鷲峰寺（建於唐貞元六年，即 785 年，清重修）、響鈴寺（藏傳佛教寺院）、觀音寺（藏傳佛教寺院）等。張家口的寺院基本建於元明清時期，雲泉寺始建於明洪武二十年（1393），歷代文人墨客、權貴寒儒都曾喜歡到雲泉寺朝山進香，留有大量的墨寶，開山祖師是無礙法師，現任住持果嵐法師，隨遼寧營口楞嚴寺圓山老和尚傳天台宗四十六代正法眼藏。伏魔寺始建於明期，寺內藏清代官制漢文《乾隆大藏經》全帙 168 冊，現任住持海素，2002 年承接柏林禪寺淨慧法師法卷，為臨濟宗第四十五代傳人，2006 年承接原南昌祐民寺戒金法師法脈為溈仰宗十一代正法眼藏。

歷史上承德、張家口佛教興盛，寺院眾多，佛塔林立，是藏傳佛教和漢傳佛教相互融合發展的地區。把承德、張家口劃分為漢、藏佛教文化及草原文化旅遊等，承德、張家口綠草碧野千里，是京津的綠色生態屏障和水源涵養地，被譽為「雲的故鄉、花的世界、林的海洋、鳥的天堂」，是消夏避暑、旅遊休閒的理想之地。

六、秦皇島──唐山佛教文化與濱海旅遊資源

河北濱海北起秦皇島山海關，南至滄州海興口，近五百公里的海岸線，尤其以秦皇島濱海旅遊最為著名。擁有百年歷史的北戴河，是離北京最近的濱海度假勝地，留存中外名人故居別墅 100 餘處，秦皇島是一座既蘊涵古都風韻，有公元前 215 年秦始皇東巡「碣石」，刻《碣石門辭》和入海求仙處，有佛教寺院如法雲寺、水岩寺、寶峰禪寺等；又富有現代氣息的文化都市，為國家首批公共文化服務體系示範區，有海、有河、有濕地、有長城等多元生態旅遊城市，優越的地理區域和良好的生態環境而成就的山海文化、長城文化、旅遊文化、民俗文化是秦皇島得天獨厚的旅遊文化資源，秦皇島人文、自然旅遊特色鮮明，中西多元文化交融匯聚。秦皇島擁有不可移動文物六百多處，全國重點文化保護單位十一處，文物藏品五千多件，擁有在冊非物質文化遺產九十七項，國家級五項，並建有長城博物館、玻璃博物館、港口博

物館、北戴河博物館、輪滑博物館、青龍民族博物館等十二個博物館，博物館既承載著這座城市的歷史文明，也成為與世界交流的平臺，與美國、意大利、日本、韓國和南非等二十多個城市締結友好交流合作關係。

而與秦皇島相連的唐山市，既擁有海濱資源，也具有豐厚的文化底蘊。南北朝十六國時期佛教在此就有一定的發展，2002 年溫玉成先生曾對遷安地區的一尊佛像進行考證，認為該造像顯然早於甘肅省炳靈寺 169 窟 6 號龕（開鑿年代是 420 年），可能與後趙浮圖澄有關。2008 年 6 月，溫玉成先生途經遷安，通過實地考察，對犍陀羅、秣菟羅藝術的研究，找到了解決時代問題的突破口——佛頭上的「髮帶」。束「髮帶」的佛像，在印度流行於公元一、二世紀或三世紀初葉。在中國，則晚至公元三、四世紀。而這正是高僧浮圖澄在後趙活動時期。經過考證，證明遷安三世佛造像碑，是段氏鮮卑的段波（段末杯）所造，年代在東晉咸和五年（330）或稍前。它是中國現存年代最早的大型野外佛教造像，比炳靈寺 169 窟 6 號龕早了 90 年，學術意義重大。溫先生認為，後趙「開創了中國佛教史上第一個大擴張的時期」。〔註5〕

遷安十六國時佛像（圖2）

〔註 5〕溫玉成：《河北遷安市萬軍山三世佛造像碑考察記》，《中原文物》2009 年第 5 期。

　　玉田縣著名的淨覺寺始建於唐代貞觀年間，李世民遂下旨修建大唐龍泉寺，由大將軍尉遲敬德監修，迄今已有 1300 餘年的座古老的寺院，被稱為京東第一寺院。淨覺寺的古建築結構和彩繪雕刻尤為獨特，著名的「無梁殿」是古剎第一奇觀，磚石拱券灌以澄漿而成，無樑無柱。內牆上刻有九十六尊神態各異的佛像，從建築學上堪稱一絕。另一奇觀是正殿，皆為無一釘一鉚的木製結構，其中的「懸樑弔柱」似懸非懸，似弔非弔，是巧用力學的原理建築而成的。在碑樓有清代著名書法家王敬德的《續修淨覺寺碑記》。淨覺寺是唐山地區唯一保存完整的古代寺廟群體建築，是全國重點文物保護單位，國家 AAA 級景區，河北省文化名片系列十大古建築之一，環渤海旅遊聯盟理事單位。

　　除了淨覺寺外，在唐山地區還有遷安的雲崖寺、靈山白塔寺、觀音閣、石佛寺；遵化的萬佛園（藏傳佛教寺院）、聖泉寺、騰龍寺、雲門光泰禪寺、寶峰寺、望海寺、棲雲寺、湧泉寺、隆福寺、禪林寺、御佛寺等；唐山有福山寺、大新莊玉洪寺、般若寺、麻山寺、圓通禪寺、靖緣寺、普陀禪寺、龍泉寺、大興寺、凌霄寺、千佛寺、興國禪寺等。

　　龍泉寺曾為北方叢林勝地，近世屢遭劫難，最後毀於唐山大地震。現僅存一株建寺之初所植古柏，見證千古滄桑之變。2010 年，原中國佛教協會副會長淨慧長老駐錫南湖開始主持重建大唐龍泉寺。龍泉寺位於南湖生態城核心景區，分為主入口、山門前廣場和主體院落三部分，從南至北主要由山門、天王殿、觀音殿、大雄寶殿、藏經閣等 29 棟主體建築組成，伽藍氣象，古樸端嚴，正大宏闊，是一座承繼了傳統佛教文化的都市叢林。唐山龍泉寺整體風格為仿唐建築，2015 年 5 月寺院部分對外開放，2016 年 4 月 24 日舉行開光大典，並全面對外開放。龍泉寺作為南湖生態城開發建設的重點工程，是 2016 年唐山世界園藝博覽會重要旅遊配套項目，將致力於打造京東地區第一禪宗道場，世界「生活禪」禪修中心、京津冀重要的旅遊目的地，對於弘揚傳統佛教文化，建設和諧唐山，提升南湖生態城品位，打造文化南湖具有重要意義。

　　藥王寺原址位於唐山市豐南區西南部（現東田莊鄉），始建於明嘉靖二十七年（1548），數百年香火鼎盛，神奇傳說眾多，明末清初，翰林學院院士李來秀考取探花，執掌密雲縣知士，因官場腐敗，被他人冒名頂替。李來秀官場不如意，看破紅塵，為避戰亂，流落到豐南西的藥王寺削髮為僧，法號函宏法師，順治初年修成正果，康熙三十九年（1700）在寺中圓寂。函宏和尚

功德圓滿，真身供養百年不腐，藥王廟名聲大振，盛極一時，成為京東關裏赫赫有名的廟宇。藥王寺每年農曆四月二十八舉辦廟會，方圓數百里的人們雲集於此，求醫、問藥、燒香還願、捐款捐物。

秦皇島、唐山一帶，不僅有佛教著名寺院、文化遺存，還有與佛教文化相關的民俗文化，以及獨特而優美的自然風光，為寺院文化與生活禪等佛教文化、海濱度假休閒和山林陵園歷史文化有機結合在一起。在北京有明十三陵以及相應文化、河北唐山遵化有清東陵園區以及相應文化旅遊。

清東陵屬全國重點文物保護單位，2000 年 11 月被列入《世界遺產名錄》，2001 年 1 月被國家旅遊局評為全國首批 AAAA 級旅遊景區，2015 年 10 月被國家旅遊局評為國家 5A 級旅遊景區。清東陵是中國最後一個王朝首要的帝王后妃陵墓群，也是中國現存規模最大、體系最完整的古帝陵建築，共建有皇陵五座——順治帝的孝陵、康熙帝的景陵、乾隆帝的裕陵、咸豐帝的定陵、同治帝的惠陵，以及東（慈安）、西（慈禧）太后等后陵四座、妃園五座、公主陵一座，計埋葬 14 個皇后和 136 個妃嬪。

秦皇島、唐山、天津和北京形成一個環京津的旅遊文化圈，及佛教文化旅遊、自然風景觀光、濱海消暑度假旅遊為一體。

七、衡水佛教名人文化與濕地資源

衡水東與滄州、山東德州毗鄰，西與石家莊相連，南與邢臺相接，北與保定、滄州交界，交通便歷史上衡水所轄冀州為九州之首。河北省簡稱冀則緣於此，截至 2016 年，衡水有國家級非物質文化遺產保護項目 6 項，省級非遺保護項目 33 項，市級非遺保護項目 55 項等。

冀州歷史輝煌，但遺存的佛教遺跡較為分散，冀州道安文化挖掘、深州法尊資源和利用是關鍵。

冀州道安生於政局動盪，先後經歷西晉、東晉、匈奴的漢、前趙、後趙、前燕和前秦等政權。道安自幼出家，後來拜佛圖澄為師，佛圖澄圓寂之後，道安接管佛圖澄的僧團，為了躲避戰亂，輾轉在今河北、山西、河南、湖北、陝西等修習和弘傳佛法。道安確定依國主弘法之宗旨，規範僧尼隊伍以「釋」為姓，開啟僧團漢化，他翻譯校勘佛經，編訂目錄，著述立說與創立宗派，從制度的層面促進了佛教中國化的發展。道安法師是第一位倡導佛教中國化的高僧，並在各個方面身體力行，積極推動佛教中國的發展。道安從北方到南方，

又從南方來至西部，他的活動也促進各地佛教的交流和佛學思想的融合發展。

為了弘揚道安文化，冀州重建道安寺，2012 年 12 月河北省冀州道安寺舉行奠基儀式，中國佛教協會副會長、道安寺住持淨慧法師，柏林禪寺首座明憨法師，柏林禪寺的監院明影法師，任丘市公佛禪林監院崇悲法師（現為道安寺住持），石家莊真際禪林監院利生法師，邢臺大開元寺監院道智法師，石家莊盧雲禪林常弘法師等近 3 千人參加奠基儀式。經過 8 年左右的修建，道安寺的主體建築在冀州現已基本復建完成，為弘揚道安文化提供了基地和中心。

衡水另一佛教名人是法尊法師，他是太虛大師的四大弟子之一，〔註6〕河北衡水深州人，1920 年在五臺山出家，1980 年圓寂於北京廣濟寺，世壽 79，戒臘 59，法尊法師是享譽國內外的高僧，也是新中國藏傳佛學研究的奠基人、傑出的漢藏經論翻譯家和佛學家，生前曾任中國佛教協會常務理事、重慶漢藏教理院和中國佛學院兩院院長職務。法師譯著頗豐，計有 200 部之多，並有論文、論著、譯著、講記 120 餘部（篇），成為藏漢佛學研究的寶貴遺產。法尊法師被譽為「當代玄奘」。法尊寺建在法尊法師的家鄉，採用明清建築風格，寺院內有太虛、法尊紀念堂。

歷史上衡水除了佛教名人和一些著名的古寺院，如深州興隆寺、法尊寺、衡水永福寺、天寧寺、寶雲寺、禪陀寺、天界寺，武強大華嚴寺和冀州道安寺外，還曾出現著名儒家人物、軍事思想家等，如董仲舒、孔穎達、魏徵、張邦昌、祖沖之、扁鵲等。可將佛教名人與儒家文人、名士結合起來，挖掘衡水地區悠久的歷史文化。衡水還有著名非物質文化遺產武強年畫和武強年畫博物館，武強年畫是傳統的民間工藝品之一，因出自武強而得名。武強年畫深受農耕文明、佛教思想、傳統觀年和古老民族風俗等影響發展起來的民間藝術。武強年畫因具有優秀傳統文化的特色，深受遊客的喜愛。

衡水地區還是著名的濕地自然保護區。近年來，衡水地區在加大治理大氣污染的同時，也加快了對水資源的保護利用，對水生態進行治理和修復。衡水湖是華北地區單體最大的淡水湖，也是華北平原唯一保持濕地生態系統較完整的自然保護區。衡水湖濕地是國家級自然保護區，具有沼澤、水域、灘塗、草甸、森林等完整的濕地生態系統，生物多樣，綿亙百里。由於得到一定的治理，衡水水生態環境逐步好轉，吸引多種珍貴的鳥類來此棲息繁衍。

衡水地區可結合歷史文化名人、非物質文化遺產、濕地生態自然風景保

〔註 6〕太虛大師的四大著名弟子，法舫、法尊都是河北人，法舫井陘人，法尊衡水人。

護開發相結合的旅遊文化產業，開發以道安、法尊為主的佛教文化旅遊資源，發揚非物質文化資源，將人文傳統資源與自然有機結合。

河北是旅遊大省，不僅有著豐富的佛教文化遺存，而且也有風景優美的自然資源，河北環繞京津、東臨渤海、南望中原、西倚太行、北枕燕山，獨特的區位優勢讓河北備受矚目，璀璨的歷史文化和壯美的山川風光，更是造就了河北多姿多彩、美麗怡人的旅遊勝境。從渤海之濱到平原鄉村，從壩上草原到燕山、太行，厚重的歷史文化、四通八達的交通網絡，讓旅遊資源富集，全國唯一兼有海濱、平原、湖泊、丘陵、山地、高原，堪稱中國地形地貌縮影的河北，成為更吸引人的旅遊目的地。〔註7〕多樣的地形地貌、氣候條件、各具特色佛教文化遺存和自然景觀為河北文化旅遊發展提供了廣闊的空間，也是京津冀區域旅遊的寶貴資源。如何保護和合理利用這些珍貴的資源，為河北經濟發展造福，為河北旅遊發展作貢獻，為優化河北產業結構服務，為改變河北環境污染和提升生活質量作貢獻。2022 年冬奧會雪上項目主賽場張家口崇禮，這是頂級賽事和大眾滑雪的首選之地，也是平時京津冀乃是全國、世界的滑雪旅遊勝地。河北佛教文化旅遊業可以借助張家口舉辦冬奧會之機，不斷完善文化設施，打造方便合理的交通線路和旅遊線路，加大河北佛教文化的宣傳力度，給河北文化旅遊提供了很好的發展契機。

第二節　河北佛教文化旅遊存在的問題

河北歷史文化沉澱厚重，文化遺存豐富，由於漫長歷史的浮沉和諸多自然、人為因素等，致使河北佛教文化遺存主要集中在邯鄲、邢臺、正定、石家莊、保定和承德等地區，每一地區的佛教文化資源有著自己的特色。先輩留給我們的珍貴物質和精神資源是可利用的極為珍貴旅遊文化，如何遵循「保護是利用的前提」的原則將優秀的佛教文化資源用於旅遊發展，提升河北旅遊文化的內涵和品位，使河北旅遊業能夠得到發展，並把佛教文化遺產旅遊融入京津冀旅遊文化事業發展之中，使河北各地的文化協調發展，帶動河北經濟文化的轉型和發展，對提升本地文化的自信心、城市知名度和競爭力等都有積極意義。然而河北佛教文化旅遊資源並沒有得到很好利用，開發相對落後，在現實旅遊文化資源共同開發和利用中存在諸多不盡人意的地方，成為京津冀打造世界級旅遊城市群的短板。概括而言，河北省境內旅遊資源的開發存在如下問題：

〔註 7〕內容來自河北文化與旅遊廳官網，檢索日期 2019 年 12 月 2 日。

一、資金投入不足與觀念相對保守

河北既有豐富的漢傳佛教文化遺跡，也有藏傳佛教文化遺跡。歷史上正定、邯鄲、邢臺、承德、冀州等地都是佛教非常興盛的地區，不僅保存大量佛教寺院、佛塔等建築遺跡，如正定臨濟寺、澄靈塔、開元寺、須彌塔、天寧寺、凌霄塔和廣惠寺、華塔、承德的藏式寺院等，而且也出土很多佛教造像、壁畫等，如正定大佛寺壁畫、石家莊毗盧寺壁畫、石刻經等，也有不少著名高僧大德或出生於此或在此地活動弘法，如佛圖澄、慧可、道安、法舫、法尊等。河北的邯鄲、宣化、蔚縣、山海關區、定州、正定、天長鎮、廣府鎮、承德、保定為省十大歷史文化名城，其中保定市、承德市、正定縣、邯鄲市、山海關區是中國歷史文化名城，在歷史文化名城中宗教建築（包括佛教建築）、藝術特色已成為很多城市獨特的標誌性建築。

由於觀念制約和資金投入不足等問題，除了國保和省保單位以外，大多數古老寺院因缺乏資金得不到相應的保護和修復，致使一些文物或遺跡的自然風化和損壞程度加劇，永久的損失。一些古碑，或直接放於露天風吹日曬，或乾脆隨意堆放在一起等，沒有採取任何保護，佛教文物保護令人堪憂。如北響堂山佛塔，缺乏必要的保護，塔剎部損毀嚴重，雜草叢生，景區沒有得到較好的修復和開放，珍貴的資源在浪費。

北響堂山塔（圖3）

　　河北現存石窟寺和石窟造像遺存很多，但有的石窟造像疏於管理，損毀比較嚴重，張家口下花園存北魏石窟非常珍貴，雖在 2008 年列為河北省文物保護單位，但因資金短缺，對石窟本身的保護和周邊環境的整治非常不到位，年久風化嚴重，且臨近京包鐵路，鐵道震動和石窟周圍還存在多個煤棧，污染的環境等因素給石窟造成了很多的破壞。

　　受多種因素的影響，儘管河北遺存的佛教文化資源豐富，但對於宗教文化的開發和利用基本沒有得到重視，也沒能進行較好的開發，用於河北經濟建設之中。豐富的佛教文化資源沒有得到很好的宣傳，河北佛教旅遊形象塑造不到位，區域旅遊文化品牌特色模糊，在國內外知名度相對較低，空有大好資源卻「門前冷落鞍馬稀」，特別是對於國際遊客吸引非常有限。

二、研究力量滯後與文化底蘊挖掘欠缺

　　作為佛教文化資源集中的敦煌莫高窟、麥積山石窟，重慶大足石窟，洛陽龍門石窟、絲綢之路、五臺山、故宮等，不僅僅是旅遊勝地，其文化資源也得到廣泛研究和弘揚。

　　敦煌學之所以被稱為世界的「顯學」，莫高窟每年旅遊不斷飆升，2018 年、2019 年突破 1 千萬，收入超過 100 多億，這與敦煌的大力宣傳和國內外大學和研究機構共同研究密不可分，如蘭州大學、敦煌學研究、武漢大學、首都師範大學、上海師範大學、敦煌研究院和國家圖書館，以及英、美、法、日等大學和大英博物館、集美博物館等機構都積極從事敦煌學研究。重慶大足石刻、洛陽龍門石窟和雲岡石窟等也投入更多資金進行保護維修和加大研究力度，吸引更多的參觀旅遊和從事佛教文化研究等。

　　而承德避暑山莊作為世界文化遺產名錄，投入大量資金進行保護和相關建築修繕外，我們的研究力量卻明顯不足。河北高校受傳統學科和思想觀念的影響，豐富的佛教歷史、佛教建築、石窟藝術、壁畫與造像、漢藏佛教、觀音文化、禪宗文化、高僧大德、佛教碑銘、佛教經典、不同民族文化交融等很多文化都沒有得到很好挖掘和研究，甚至有些珍貴的文化資源根本不為世人所知。我們所周知的河北正定隆興寺的宋代佛教建築受到梁思成的高度讚譽，隆興寺的倒坐觀音也得到魯迅的十分讚賞，但隨後的研究沒有很好的跟進，一些研究成果在學界的影響力不大。

　　四川、河南、陝西、浙江都在打造觀音文化旅遊，竭力宣傳他們是妙善

公主的故鄉，而河北邢臺的南和妙善公主的宣傳卻非常不到位，可以說的默默無聞。

此外，河北佛教文化資源豐富，不僅研究重視不夠，研究力量薄弱，而且相關研究成果也非常少，除了 2016 年出版《河北佛教史》外，其他出版物質量不高，大多是多某地文物、文獻和藝術的簡介類，遠遠不能體現河西佛教文化資源的內涵和優勢，更沒有對外宣傳的出版著作。

三、寺院周邊環境較差與迷信色彩較重

寺院本是環境優美，莊嚴清淨之地，我國寺院有著注重自身生態環境建設的良好傳統，也比較關注人與自然和諧統一的意識。中國寺院建築格局有不同，或庭院式寺院或山林式寺院，但無論哪種都注重寺院和周圍環境的建設，把自然生態與人類和諧的理念融入其中。不論山林寺院還是庭院式寺院都應是殿宇莊嚴，自然與建築融為一體，超凡脫俗的僧眾與周邊的環境和諧一致。寺院或其周圍優雅美好的生態是佛教長期從事生態建設的結果，達到了「寺因山而鍾靈，山以寺而聞名」的境界。

凡是寺院所在，大都樹木蔥籠，鳥語花香，成為環境優美的典範，也給其他城市單位或村鎮的建設提供了師範作用。這正是寺院吸引遊客旅遊參觀的原因之所在，寺院本身的文化環境和自然環境要好，而且景區周邊環境也要與寺院環境相協調。然而河北很多佛教寺院本身環境與周邊雜亂差的環境極不協調，不利於旅遊目的地形象的塑造，同時對寶貴的旅遊資源本身構成威脅。

河北佛教聖地的旅遊還多以燒香拜佛為主，把拜佛與求子、還顧結合，旅遊層次較低，缺少文化內涵。一些中小型寺院或偏遠鄉村寺院的外面環境較差，寺院兩邊擺滿了賣冥幣和算命的攤位，滿地垃圾，環境很差，或向遊客兜售劣質香，或拉遊客算命賺錢。有些寺院佛像前擺放一些塑料小孩，祈求佛祖保祐生子或多子等。

北響堂山照片（圖 4）

北響堂山（圖 5）

一些小型寺院周邊環境非常惡劣，不僅髒亂差，而且部分寺廟周圍存在以弘揚佛法為外衣，實質是從事詐騙行為的「馬路和尚」。這些「馬路和尚」依佛教的名義對寺院遊客進行各種行騙活動，如兜售所謂的「開光」紀念品、佛像、手鏈、佛珠、祈福帶等，還有佛教名義的算命和占卜，甚至銷售一些假冒偽劣佛教文化產品等。雖然寺廟附近的執法人員也對其進行打擊，但是由於這些「馬路和尚」不固定地方銷售且流動性大，因此較難識別其蹤跡並進行相應的控制。

四、佛教文化遺產保護不到位與僧才缺乏

佛教文化遺存與佛教寺院有密切關係，自改革開放以來，河北省很多文物得到較好的保護，許多文物、建築、遺跡和寺廟被列入國家、省級、市級文物保護單位，從國家到地方由相關職能部門進行監督管理。2011 年 6 月 1 日《中華人民共和國非物質文化遺產法》正式實施，使中國非物質文化遺產保護進入了有法可依的階段，是中國非物質文化遺產保護的一個里程碑。但該法律並沒有引起佛教界的廣泛重視，主要體現在以下方面：

（一）復建寺院閒置，資源浪費

河北有些寺院基本重建完成，由於種種因素，新建的寺院卻又荒廢閒置，無人管理，造成資金浪費。從 2017 年 1 月和 4 月筆者先後兩次去邯鄲，考察邯鄲成安縣的二祖寺、大名興化寺、邯鄲爆臺寺和月愛寺。邯鄲大名的興化寺曾是臨濟義玄弘法之地，大名興化寺，原名觀音寺，始建於唐代，後多次毀於戰火和水災，多次重修。明清時都曾重修，也曾經出現殿堂高聳，古木相映，寺產數頃，僧眾近百，晨鐘暮鼓，香火旺盛的景象，但在十九世紀六十年代寺院已基本不存。

1994 年批准大名興化寺為市級文物保護單位。2002 年，在韓國佛教界的支持下，興化寺開始籌資修復，佔地 60 畝，建成了大雄寶殿（大寂光殿）、藥師殿、彌陀殿、禪堂、寮房、居士林等等建築，可惜已初具規模的寺院荒廢無人管理，造成資金、資源的浪費。

邯鄲的爆臺寺也存在相似的情況，寺院基本修建完成，卻處於無人管理的局面，悠久的歷史和文化無人宣傳，造成資源的浪費。類似的情況在各地都有不同程度的存在。

（二）寺院對文物重視不夠

佛教文物保護不僅是文物部分的事情，也是佛教界的事情，文化部公布的四批近 1400 項的國家級非物質文化遺存中有相當項目與宗教有密切關係，因為沒有單列宗教類的文化遺產項目，且受多年觀念的影響，許多與宗教相關的物質或非物質文化遺產被人為分割，致使宗教文化遺產界定或定義不是很明晰。造成了「非物質文化遺產應當注重真實性、整體性和傳承性的特點」，也導致佛教界有些法師對所在寺院的文物和文化遺產瞭解甚少，重視不夠，造成諸多佛教文化遺產沒有得到應有的保護。

爆臺寺，原名爆臺蟠龍寺，位於邯鄲市東郊爆臺村，曾與正定臨濟寺、趙州柏林寺，稱京南三大禪林寺院，可見爆臺寺地位之高。爆臺寺建立東晉明帝永昌年間（322），距離爆臺寺重建完成的 2010 年已有一千六百八十八年。我們在寺院調查時，沒有見到爆臺寺所存明嘉靖四十四年（1565）碑銘。爆臺寺因歷史悠久，早在 1956 年被列入省市文物保護單位，但十年動亂，爆臺寺再次遭受劫難，僧去寺空，無人維護，寺院傾倒為廢墟，蕭條荒涼，僅僅殘存遺址。爆臺寺應曾是曹洞宗寺院，寺院還遺存一些古碑隨意堆在寺院之中，任其荒廢。

爆臺寺隨意放置清代碑（圖6）　　**爆臺寺曹洞正宗之記（圖7）**

月愛寺始建於北周大定年（585），距今有 1400 多年歷史，在邯鄲市尚壁村。雖然寺院在住持的努力下得以部分重修，但寺院古碑隨意放置在某個角落，得不到有效保護。

月愛寺明代碑銘（圖 8）

　　儘管有些寺院法師認識到文物保護的重要性，但存在資金或技術或政策的問題，使佛教文物、藝術保護的現狀令人堪憂。例如正定臨濟寺的尺八音樂與臨濟寺唐代法師有密切關係，臨濟寺現已失傳，而尺八在日本得以保護，臨濟寺從 2017～2019 年請日本尺八演奏大師塚本竹仙進行表演，但何時能夠使尺八回歸中國寺院還需各個部門的共同努力。

（三）寺院僧才的缺乏

　　佛教文化旅遊資源的保護和開發，不僅需要政府的引導，而且還需要寺院的積極配合，河北中小型寺院地處村莊，交通不便，村中道路狹窄，高低不平，如果沒有本地人的引導，很難找到寺院。

　　坐落在鄉村或交通不便的寺院之中不乏歷史悠久，具有重要的保護和開發利用價值的寺院。寺院文物的保護與寺院住持有很大關係，若住持是具有文物保護專業知識的法師則會積極採取措施保護文物或遺跡。然而有些寺院住持年齡偏大，知識水平偏低等，缺少活力，文化建設缺乏，寺院封閉，發展後勁不足。為了維持寺院的運轉，寺院存在僅是滿足本村或鄰村村民的禮佛需要和精神的慰藉，以燒香禮佛為主。那他們對文物保護的熱情和力度則會大大降低。

　　僧人是中國佛教文化的創造者、傳承者，也應該是佛教文化遺產的保護

者、研究者和管理者。由於僧才的缺乏既嚴重了影響了寺院文化的弘揚和寺院歷史的挖掘，也使寺院遺跡遺存文物未得到應有的保護，寺院和僧人作為佛教文化遺產保護與管理的主體作用發揮不夠。因為文化資源宣傳不夠，旅遊景點分散和旅遊不景氣，配套交通也存在很大問題。有些佛教文化旅遊景區離市區較遠，若沒有車輛，很難前去參觀或旅遊。

五、環境治理不樂觀與景區管理有待規範

近些年來，河北環境污染嚴重，城市綠地植被覆蓋率較低，城市公共設施建設滯後，給文物造成很大破壞，也使旅遊者望而卻步。空氣中嚴重的二氧化硫對佛教文化遺存（佛教建築、塑像、碑刻）等損壞是不可估量，環境污染也給旅遊業帶來很大的影響和困擾。

河北有些景區管理處在進行商業盈利的同時，對景區疏於管理，還大量存在景區標識不清楚、濫收費和欺騙遊客等行為。佛教旅遊景區專業導遊缺乏，致使一些以牟利為目的的野導遊從事導遊行業，這些人員素質低，語言粗俗，對於佛教文化和寺院歷史根本不懂，佛法內涵宣傳很不到位，且錯誤百出，講解過程缺乏生動性且千篇一律，對遊客的吸引力不夠。對寺廟內關於相關歷史典故和石碑等不予講解，導致多數遊客既無法有效獲得相關知識，甚至還獲得一些錯誤信息，使得遊客對佛教認識產生偏差和誤導，無法突出佛教文化旅遊的特色，這些無知的導遊成為發展佛教文化旅遊的極大障礙。另外，景區停車場設計缺乏人性化，景區公共交通線路不合理，營運時間死板，間隔時間過長等現象對旅遊也產生很多負面影響。

六、河北文化旅遊缺少與京津協調發展機制

國家提倡京津冀一體化的發展已經多年，雖然三地之間的交通比較發達，但河北與北京、天津的景區間也缺乏相應協作機制，未能有效實現資源優化組合。京津冀區域內資源開發重複現象嚴重，缺乏整體規劃。三地歷史文化相通，旅遊資源豐富，但由於旅遊產品開發的無序性並沒有發揮出地緣因素的優越。三地作為一個整體旅遊品牌缺乏典型特點，存在盲目競爭，暫未找到合適的旅遊資源協調發展模式。在基礎設施建設上，資源重複現象嚴重，致使競爭大於合作，難以形成互利機制。

當然京津冀區內旅遊市場規模和結構也不平衡，如何將北京的虹吸作用轉為紅利外溢作用值得深思。在三地協同發展中，缺少「共贏」意識，「自利」觀

念主導所引發的信息不對稱現象加大了公共管理成本。河北文化旅遊過度依賴政府行政調控，缺少市場機制的推動。京津冀旅遊協同發展實現共贏的長效動力機制應當是政府引導、市場推動，市場的多樣性和差異性共同促進，這才是推動一體化發展的根本動力。

京津冀城市群空間結構存在斷裂。在京津冀城市群內部，城市間銜接最緊密的區域在京—津軸線一帶，這一軸線可以輻射鄰近的唐山，在京津冀地區形成了穩固的京津唐三角形，連帶可輻射周圍的廊坊、秦皇島、承德、張家口，而在廣大的中南部腹地，卻存在城鎮帶的斷裂，特別是津—石城市軸線遲遲難以形成，致使京津石三角形不能成形，這就使廣大冀中南地區難以融入到京津冀城市群當中去，難以分享區域發展紅利。

七、旅遊產品質次價高且缺乏創意

人們到不同地方旅遊，總是希望買一些有紀念性的旅遊產品或有特色實用的紀念品，或送親朋好友，或自己實用，或留作紀念。然而旅遊產品單調、質差價高是全國旅遊業的普遍現象，景區沒有自己的特色旅遊紀念品，旅遊產品基本都是統一批發而來。河北旅遊市場也是一樣，沒有獨特的文創產品也是河北旅遊業的一大弊端。

尤其寺院周邊基本都是賣香、燃燈的攤販，他們主要靠寺院吃飯，所出售的供佛用品質量差，價錢高，品種單一，這些佛教用品帶到寺院焚燒又帶來環境的污染。

總之，河北擁有豐富佛教文化旅遊資源，存在很大文化旅遊發展空間和巨大的市場潛在力。因為缺少資源的統一整合，並受長期以來觀念的禁錮，導致一些資源沒有得到很好的保護，開發利用根本談不上。中國共產黨的十八大提出了推進中國特色社會主義事業之經濟建設、政治建設、文化建設、社會建設、生態文明建設「五位一體」的總體布局。國家把生態文明建設放在重要地位，加以重視。十九大又提出「美麗中國的舉措」「國土綠化行動」「人與自然和諧共生的現代化」「富強民主文明和諧美麗」等，環境與和諧發展問題依然備受關注。現階段河北一些產業高耗能，環境污染嚴重，而豐富的旅遊綜合效益較低，如何發揮河北佛教文化旅遊資源的優勢，加大保護力度，合理開發和利用，處理好保護利用文化遺產與發展旅遊間的關係，借鑒京津文化旅遊的成功經驗，深入挖掘河北佛教文化資源，使之自然風景、非

物質文化遺存結合，這是河北文化旅遊產業所面臨的機遇。

第三節　發展河北佛教文化旅遊的相關建議

　　旅遊業作為綠色無污染的第三產業，經過合理開發，完全能夠實現環境良性改變和經濟持續增長。根據河北遺存的佛教文化資源，圍繞京津可劃分為石家莊—正定—保定、邯鄲—邢臺、衡水道安、承德—張家口、秦皇島—唐山等旅遊區域，既可充分發揮不同城市旅遊的優勢，滿足本地人們旅遊休閒的需要和旅遊產業的發展，又可將不同旅遊城市群相互協調，共同發展，進一步擴展延伸到周邊區域或更大的範圍，滿足不同群體不同層次的旅遊休閒娛樂的需求和文化考察等需求，既將名勝古蹟的文化內涵與自然環境緊密結合在一起，又帶動本地環境的改善和旅遊文化產業的進一步提升發展。

一、制訂河北佛教文化旅遊的長遠發展規劃

　　文物的保護、開發和利用是一個長期持續的過程，也是前期需要較大投入的事業，需要各級政府職能部門制定長期的發展，合理規劃現有文化遺存，積極為河北經濟建設服務。2020 年 2 月河北省文化與旅遊廳制訂《河北省文化和旅遊「十四五」發展規劃》，在總結之前的成績基礎上，指出「分析河北省文化和旅遊的發展現狀和存在的問題、發展機遇等，研究當前及未來文化和旅遊的新理念、新趨勢、新市場、新需求、新技術等，充分體現規劃的前瞻性、協同性、實用性。明確指導思想，提出「十四五」時期我省文化和旅遊發展目標、發展戰略、空間布局、重點任務、重大工程、重點項目、重大舉措、保障措施等。明確「十四五」時期我省文化和旅遊重點工程和重點項目建設時序、建設內容。與國土空間規劃有機整合，與土地利用、林地、耕地保護、生態紅線充分對接，成為可落地、可實施、經得起時間檢驗的規劃。注重協同發展。以高質量發展為前提，統籌指導文化事業、文化產業和旅遊產業發展；主動融入京津、服務京津、借力京津，統籌區域發展、城鄉發展，推動文化和旅遊公共服務均等化；立足產業和項目需求，強化區域產業發展的統籌協調和密切配合，突出文旅融合發展。突出創新創意。在基礎分析理念、產品開發思路、產業融合發展路徑、產業要素的業態結構、空間布局優化、規劃實施保障等方面實現規劃創新，指導全省文化和旅遊高質量發展。」〔註8〕

〔註 8〕內容來自河北文化與旅遊廳官網，檢索日期 2020 年 2 月 20 日。

　　河北省文化與旅遊廳出臺的「十四五」發展規劃指出了河北旅遊產業存在的機遇、存在的新問題和市場發展新需求，提出「以高質量發展為前提，統籌指導文化事業、文化產業和旅遊產業發展」，如何發展高質量的旅遊業，如何統籌指導文化事業，這與佛教文化遺存的保護和利用有著緊密關係，具體實施和執行還需要政府部門與相關企業、高校等協同合作，制訂出切實可行的具體措施。

　　「十四五」發展規劃還明確指出「主動融入京津、服務京津、借力京津，統籌區域發展、城鄉發展，推動文化和旅遊公共服務均等化」目標。如何主動融入京津，如何推動文化和旅遊？如果河北與京津文化旅遊差距過大，不在一個平臺上，協同發展會存在很大困難。推動文化旅遊，如果不重視佛教文化的保護、開發和研究，文化的內涵也會大大降低。

　　目前，在河北省「十四五」發展規劃的指導下，還要制訂細化和突出重點發展和投資的項目，更要抓住京津冀一體化、雄安新區建設和 2022 年冬奧會舉辦為契機，借鑒他國或本國其他地區文化遺產保護和開發利用的經驗，進一步推進和強化河北旅遊景點的建設、維護，加大宣傳力度，不斷優化和細化旅遊線路，保證公共交通與私家交通相互補充完善，提升景區的文化內涵，明晰景區路牌標識，提高景區從業人員的素質，使更多人員從事旅遊服務業。

二、增強對文化遺存的保護意識

　　隨著現代化建設加快，文化標準化和環境惡化、資金短缺等因素影響，對於豐富的佛教文化遺產的保護和利用並不樂觀，存在各種各樣的問題。如何保護和傳承中國優秀傳統文化？如何將文化保護解決現實中存在的問題相結合？如何積極推進將文化遺產推向市場，用於發展旅遊事業？

　　佛教文化遺存與寺院或佛教建築等有緊密關係，他們是佛教文化旅遊的基礎。目前有些佛教古蹟遺存或屬於宗教部門管理，有僧人住持；或屬於文物部門管理。故此寺院和文物部門對佛教文化遺存的保護都有著不可推卸的責任。

（一）加大文物保護的宣傳力度與資源公開

　　河北文物豐富，但對外宣傳力度欠缺。現在是信息化和數字化的時代，可以用多種方法進行宣傳。不同景點或寺院可以結合各自的特點，搜集遺存文獻，或將其製作成宣傳片，或通過紙質資料，或借助博物館平臺等多渠道廣泛宣傳，使人人認識到文物保護的重要性和必要性。

　　佛教建築、文物古蹟是人類最為寶貴的文化遺產，是中華民族悠久歷史文化的載體，凝聚著古代人民的聰明智慧、創造精神和辛勤勞動的結晶，也是不同歷史時期的藝術珍品。佛教文化遺產一旦遭到破壞，將不可逆轉，損失是不可估量的。文化遺產資源是不可再生的，不等同於經濟資源，要加強相關學術科研，利用媒體加大宣傳，利用佛教文化遺產的基本前提是必須保護遺產資源，傳承民族傳統文化，促進文化多樣性。保護性開發旅遊事業勢在必行，保護好佛教建築遺跡和遺存文物是為現代社會服務，為子孫後代造福，保護文物是功在當代、利在千秋的事業。

　　保護好文化遺存可為旅遊業持續發展和提升提供依託、保障；文化旅遊業發展的好，文化遺產才會被更多的人瞭解和青睞，使文化遺產充滿生機和活力，實現文化遺產與自然風景旅遊相互融合、相互繁榮的發展局面。

　　儘管現在一些遺存文物有複製品和仿製品，但他們所傳達的信息是現世人們的認識水平，並非歷史原貌，所以對於遺存的建築和文物保護可以採取「不改變原狀」的前提下，依據其歷史、藝術價值等對佛教建築原址、原狀、原物進行保護，保存儘可能多的歷史信息。

　　對於新建宗教建築，要延續和發揚中國地方及民族特色，既要有建築本身功能，也不能違背宗教意義，杜絕古寺復建存在粗製濫造、過於功利化和商業化的傾向和行為，儘量避免佛教繁榮的表象下存在諸多隱患等問題。在佛教建築的保護、傳承與開發利用應該遵循「古為今用」的原則。

（二）文物保護利用與博物館建設相配合

　　為了使佛教文化遺存與現代思想文化相適應，需要加強相關人才的培養。人才的培養包括文物部門人才培養和寺院僧才的培養。

　　文物保護與博物館建設有密切關係，二者相輔相成，加強文物保護利用，可讓收藏在博物館裏的文物、陳列在廣闊大地上的遺產、書寫在古籍裏的文字都活起來，既滿足人民群眾精神文化需求，也可促進文明交流互鑒。博物館是公益性文化事業單位，其主要職能是收藏和保護文物、開展社會宣傳教育、進行社會科學研究。博物館對公眾開放，為社會發展提供服務，以學習、教育、娛樂為目的。

　　在現代社會中，博物館的角色越來越重要，是傳播知識、傳遞優秀歷史文化的重要場所，是提升全民文化素養和城市文化內涵的具體體現，也是市

民、遊客領略和認識城市歷史文化底蘊和感受城市精神風貌的窗口，可以折射出一個國家、一個地區、一個城市精神文化的積澱與厚重。

與國家文物普查相結合，摸清河北佛教文化遺存數量，加強博物館的建設，借助數字技術等可以全方位展示收藏品，以彌補實地旅遊所看不到和體會不到的遺憾，達到實地參觀旅遊與博物館參觀相互充分的目的，使得遊客和參觀者更好體會一個地方的歷史和文化。

2020 年 2 月 27 日，河北省住房和城鄉建設廳、省自然資源廳等七部門聯合印發《2020 年提升規劃建設管理水平促進城市高質量發展的實施方案》提出改善城市居住質量、補齊城市基礎設施短板、健全國土空間規劃體系等七個方面 22 項具體工作任務，持續推動全省城市創新發展、綠色發展、高質量發展，不斷提高城市生活品質、環境品質、人文品質。其中提及要統籌建設圖書館、文化館、博物館、體育場館、醫療衛生、教育等公共配套設施，而這些公共文化設施的建設可以和文化保護、文化旅遊相結合，共同促進城市建設、城市風貌改善以及佛教文化旅遊資源、環境的優化。各地可以結合自身文化的特色，建設有一定特色的博物館，滿足人們的文化需求。

我們在作好古寺院、古佛塔建築、藝術遺跡保護的同時，還要加強博物館建設，將參觀者能夠把實地考察旅遊與博物館的文物展示結合起來，每地可將佛教文化遺存和自然風光製成紀錄片，借助博物館等不同平臺進行宣傳，促進佛教文化藝術研究與地方經濟、社會效益實現的關聯性問題，把保護人類文化遺產同環境保護、生態保護、經濟發展的整體規劃結合起來。

我們在提倡保護文物的同時，還希望文保部門能夠把一些文物、文獻公開刊布，或以出版物的形式，或以博物館展品的形式將諸多沒有刊布的資源進行刊布。更好供人們參觀和研究，文物只有被人研究、被人觀賞才能實現其真正的價值。

（二）提升寺院的文物保護意識

河北佛教文化遺產具有分布廣泛，數量眾多，類型豐富的特點，提高寺院僧眾對於文物保護意識非常重要，使僧人提高文化知識、佛學知識水平和對歷史、文物的認識，使僧眾有對文物價值有充分認識，意識到佛教建築和遺存都是不可再生的、不可複製的。

宗教部門可與文物部門合作，加強對僧眾文物保護的培訓，提高他們的專業知識和文物保護意識，還可組織僧人對文物保護得較好的單位或寺院參

觀學習。避免寺院因偏重經濟效益，在規劃開發中忽視或輕視新項目對文化遺產價值的損害或各類污染對遺產造成的不可逆轉的破壞。

佛教是我們宗教旅遊中重要組成部分，中國旅遊業發展很多是依託於遺產資源的遺產旅遊，河北依託佛教文化遺產的旅遊業的發展空間非常廣闊，借鑒京津地區成熟的佛教遺址旅遊經驗，遵循「保護是利用的前提」的原則，合理保護和開發河北豐富的佛教文化遺產，遵循可持續性發展的原則、文化原生態原則、以人為本原則、分類開發保護和地域性原則，可以把佛教物質文化遺產和非物質遺產相結合的原則，採取博物館、文化生態園區、主題公園和節慶活動等相結合模式開發旅遊資源，提升河北旅遊文化的內涵和品位，使河北旅遊業得到發展，把佛教文化遺產旅遊融入京津冀旅遊文化事業發展之中，使京津冀三地文化協調發展，帶動河北經濟文化的轉型和發展，對提升本地文化的自信心、城市知名度和競爭力等都有積極意義。

三、與高校聯合打造旅遊文化品牌

發展文化旅遊業，不但是文化與旅遊部門的任務，實際上與當地佛教文化資源的研究密切相關性，鼓勵相關學者針對河北佛教文化資源，從不同角度進行研究，政府提供給予資金支持，深入挖掘遺存的文獻價值和進行實地考察，發表相關學術論文，在學界提升人們對於河北佛教文化資源的認識。聯合國對於列入世界文化遺產名錄的條件是人文價值必須極高、要有較高的保護、研究水平與成果，且環境質量要好。三個方面的條件缺一不可，從中可以看到對於文化資源研究的重要性。大家熟知敦煌莫高窟、麥積山石窟、洛陽龍門石窟、重慶大足石窟等，他們都有比較雄厚的科學研究力量，有國內外學者共同研究，打造了在國際文化品牌，敦煌學已成為國際顯學。

河北政府部門引導與高校合作，圍繞當地文化建設、經濟建設和旅遊發展提出一些切實可行的方案和研討，讓科研院所、科研人員參與到河北旅遊資源的開發和建設之中，為河北文化旅遊產業的發展出謀劃策，實現高校服務地方的目標，共同促進河北旅遊事業的發展和經濟的增長。

文化旅遊事業的發展也離不開文創產品的開發，景區的文創產品也是展示旅遊特色的一個方面。河北文化與旅遊部門還可加強與高校的合作，利用高校的人才優勢，發揮他們的智慧、技能和天賦，依託獨特的佛教文化資源優勢，並借助現代科技手段將文化資源、文化用品進行創造和提升，將河北

佛教文化元素與現代科技、藝術價值、實用功能、創意設計、市場需求相結合，設計研發出了經濟實用、有觀賞性、有推廣潛力、便於攜帶的旅遊紀念品，改變現在旅遊產業市場單一和沒有特色的弊端。將文創產品與現實佛教文化遺存結合，融於本地旅遊文化之中，也將提升河北文化旅遊的品質。

四、合理規劃文化旅遊項目和線路

河北佛教文化旅遊資源涉及各個方面，有石窟與藝術、佛教文獻、佛教建築、佛塔、碑銘、觀音信仰、禪宗文化等，還有大量的明清皇家陵園、海濱度假、休閒養生、草原文化、山水自然等旅遊資源，其所含景點有世界級風景名勝，具有鮮明的河北地域特色和非凡獨特的文化魅力。河北可以先打造某一地區完善本區域的文化旅遊線路、景點、交通規劃；再打破地域壁壘，不同區域聯合進行宣傳，共同打造不同旅遊線路，滿足不同旅遊群體的文化需要、休閒娛樂和消費需要，有單純旅遊觀光的，也有學術考察的，還有養生休閒或禪茶休息等需求。

近些年來，河北正定所倡導的「大美正定、自在正定」的文化旅遊吸引了省內外一些遊客觀光旅遊，參觀學習和考察佛教名勝等，尤其正定古城牆的修復和亮化工程更是吸引了本地和石家莊的市民遊覽玩耍。儘管正定的旅遊作了一個好的嘗試，但實際上正定文化旅遊還有很大的開發空間。

在合理規劃文化旅遊線路的同時，也要考慮不同旅行者的交通需求，設計或開通公共交通、單車旅行、或公共交通與單車結合、自駕旅遊等多種交通線路，滿足不同人群的需要。不同層次的旅遊還能帶動餐飲、住宿、交通、購物等方面的消費需求，增加城市的消費和就業等。

五、產業轉型與當地文化資源的合作開發

近些年來，政府各部門在環境治理方面投入很大的精力、財力和人力，河北的環境治理也取得一定的成效，但還有很多不盡人意的地方，加大環境改善的投入、污染企業的外遷和能源枯竭企業轉型等，培訓下崗人員再就業從事第三產業服務，可將環境改善與文化旅遊開發結合起來。

石家莊井陘是是清末跨國融資的第一礦區，現存一個皇冠塔和一口老井見證了井陘礦區百年的歷史滄桑，當時皇冠塔是德國人採用西方先進設計理念設計建造，皇冠塔底部為青石拱券；塔頂端突出部分為水塔，為老井（南井）工業鍋爐排煙和提供生產生活用水；塔身分為內外兩層，內層走煙，外層為螺旋

式臺階直攀塔頂。整個水塔外形呈八角形狀，用紅磚砌成，頂部造型酷似一頂德國皇冠，故取名為皇冠水塔。皇冠塔旁邊的老井，又被稱為「南井」，始建於清朝光緒二十四年（1898）。老井和皇冠水塔為百年煤都的象徵，現在已經成為了礦區的一個標誌性建築，2001 年皇冠塔和老井列入了河北省省保單位目錄。

　　井陘礦區皇冠塔、老井和遺存的德式建築經過改造後，本身就是非常具有價值的旅遊資源，人們通過參觀，既瞭解當地歷史的發展，也可使人們增長有關煤炭的相關知識。井陘屬於太行山區，井陘附近仙台山、蒼岩山景區，集自然風景和人文文化於一體。蒼岩山也是中國歷史文化名山、國家重點風景名勝區、國家 4A 級旅遊區，蒼岩山福慶寺作為核心景區被列為中國重點文物保護單位。福慶寺是隋代寺院，南陽公主曾在此修習弘法。

　　而仙台山景區更是樹木鬱鬱蔥蔥，空氣清新，動植物資源豐富，自然條件優越，植物約有 500 多種，藥用價值達 300 多種，可以稱為自然氧吧，是養生休閒度假的最好去處。夏天石家莊炎熱難耐，進入仙台山山口則是清涼怡人，仙台山的秋天尤其值得稱道，景區紅葉面積廣，漂亮無比。據說北京香山的楓葉就是從仙台山移植過去的，香山紅葉全世界著名，而河北井陘附近仙台山的紅葉則是少有人知。現在隨著高鐵交通和高速公路的開通，為旅遊發展提供了諸多便利條件。井陘可將枯竭的礦區進行產業轉型，與當地文化和自然風景結合，打造良好的旅遊勝地。

仙台山原始森林（圖 9）

石家莊仙台山劉秀避難處（圖10）

　　井陘不僅有自然風光優美，適合休閒養生的仙台山景區，而且還有著名的歷史文化名人—法舫法師，他是太虛大師著名的四大弟子之一，法舫法師（1904～1951）井陘人，是佛教界博學多聞的高僧大德和著名的佛教學者，也是人間佛教、佛教教育的積極踐行者，並積極推行太虛大師所倡導的世界佛教運動和人間佛教思想。他精通英語、梵語、巴利語和日語，融會漢傳、藏傳、南傳三大語系佛教，接受太虛的委託將中國佛教弘揚到世界的艱巨任務，不遺餘力的在世界各地奔走，尤其在東南亞和南亞的弘傳佛法和爭取外援積極抗戰等方面取得很大成績。法舫法師既是中國佛教對外交流的使者，也是現代僧人開眼看世界的代表之一。法舫法師學習弘法足跡遍布河北、北京、湖北、四川、重慶、湖南、福建、浙江、上海、廣東、香港、澳門、緬甸、斯里蘭卡、印度、新加坡、泰國和馬來西亞等地學習和弘傳大乘佛法，他積極踐行太虛大師人間佛教思想。很遺憾，民國三十八年（1949）十二月，47歲的法舫法師離開香港赴錫蘭，受聘於錫蘭大學。可惜，1951年10月，因突發腦溢血，病逝於錫蘭智嚴東方學院，世壽48歲，法臘31年。2015年法舫舍利回歸故鄉，安置在法舫文化園舍利塔中。

　　河北邯鄲的峰峰礦區也是一個煤礦枯竭的例子，隨著煤炭資源的枯竭，企業面臨轉型，職工需要再就業。政府、礦區可以借鑒德國魯爾區的成功經驗，結合本地旅遊特色和文化遺存進行企業轉型改造。邯鄲的峰峰礦區有南北響堂山、響堂山國家森林公園、彭城古鎮、元寶山、水峪寺石窟、磁州窯

富田遺址，加之邯鄲地區其他地方的文化遺存等，完全具備建設多元豐富的集自然風景、佛教文化遺存和遺跡的綜合旅遊。

在當時旅遊業蓬勃發展的形式下，轉型企業的發展不是低級旅遊的重複，而是要借助現代數字技術等，需要政府合理規劃並加大前期資金投入，打造滿足不同群體需求的集人文、賞景、休閒娛樂和健康養生於一體的綜合旅遊場所。

企業轉型也能帶動一大批人員就業，政府和學校還要對從業人員進行培訓，提高他們的服務意識、環境保護意識、文化知識等，更好從事各類的服務業，在山清水秀的環境下發展經濟，在優質的服務中提高人們的生活水平。

六、弘揚禪文化與打造禪茶休閒旅遊

河北寺院眾多，禪宗文化興盛，既有早期的二祖、三祖禪宗文化，更有臨濟禪和趙州禪文化，趙州禪師以「吃茶去」的公案機鋒接引弟子，宋代圓悟克勤親書「禪茶一味」贈予日本弟子榮西，將禪茶密切結合在一起，僧人從坐禪和飲茶中悟道修心。

禪與茶是兩種文化的融合，是心與茶、心與心的交流。淨慧老和尚解釋禪是一種境界，禪是一種受用、一種體驗，禪是一種方法、一種手段，禪是一條道路，禪是一種生活的藝術、生活的方式，禪是永恆的幸福、真正的快樂。在日常工作、生活和學習中坐禪可以息心凝神，體悟禪意，體會禪心，要學會面對苦難、問題，解決生存問題、生活問題和生死問題，去除人類的貪嗔癡心，以平等心、和氣心處理人際關係、人與社會的關係等。

茶葉源於中國，大約從西漢以來作為飲品逐漸流行開來，茶葉中含有兒茶素、膽甾烯酮、咖啡鹼、肌醇、葉酸、泛酸等成分，可提神醒腦，增進人體健康。禪茶文化是佛教文化與中國文化結合的結果，禪茶精神體現「正、清、和、雅」，有人認為禪茶的「正」就是佛教八正道，「清」就是清淨心，「和」就是六和敬，「雅」就是脫俗。「茶禪一味」的禪茶文化是中國傳統文化史上的一種獨特現象，也是中國對世界文明的一大貢獻。中國品茶之風始於寺院，盛行於寺院，唐宋之後，品茶之風更盛。然後普及到文人、士大夫、皇宮貴族，直至廣泛的社會大眾。茶道和禪茶一味將飲茶技藝上升到精神的層面號高度。日本禪寺的庭院也有「茶亭」、「茶寮」茶亭建築雅致，環境清幽，是我國禪寺「茶堂」「茶寮」在日本的發展。而現今世人更是將「吃茶去」「禪

茶一味」發揮到極致。

　　河北可以充分利用寺院的優勢條件，在政府的引導下推出禪修旅遊，吸引喜歡品茶的人士在閑暇之餘來至寺院和景區感受品茶悟禪、清淨和雅的樂趣、品嘗佛教素質文化，不定期舉辦寺院生活體驗遊，佛教文化修學遊，節慶、公益和慈善遊，引導社會人士瞭解佛教、佛教文化等。使遊客體驗佛教文化旅行和佛教修心養生休閒活動，平息遊客的心態，激發旅遊者對宗教文化的濃厚興趣，構建新型佛教體驗式旅遊，即禪修旅遊、養生旅行。

　　佛教寺院有較大的居士群體，除了禪茶休閒旅遊外，可以充分發揮居士們的才華，發揮他們的優勢，開發有特色的素食文化，提升素食品位，不僅滿足寺院需求，也可投放市場，既帶動社會就業，也解決寺院建設和發展的資金問題，也可滿足遊客的購物需求。

七、培養僧才與倡導寺院文明旅遊

　　「天下名山僧建多」反映了寺院良好的自然生態，很多古老的寺院本身就是文化遺存，需要得到保護。對於寺院建築和其他文物的保護與僧人的認識有密切關係。

　　寺院要合理保護和規劃發展，與僧人文化素質和管理水平的提高有密切關係。首先各級政府部門可利用佛學院教育以及國家法律法規的教育，不斷提升僧人的文化知識，提升他們對於生態環境的認識水平，把生態保護、寺院管理和文明旅遊結合起來，不斷優化寺院的旅遊環境和寺院文物的保護利用。

　　當我們走進一座座寺院，給世人印象最深的莫過於環境優美，莊嚴清淨。我國寺院有著注重自身生態環境建設的良好傳統，也比較關注人與自然和諧統一的意識。中國寺院建築格局有不同，或庭院式寺院或山林式寺院，但無論哪種都注重寺院和周圍環境的建設，把自然生態與人類和諧的理念融入其中。

　　為了保持寺院文物，提倡寺院的文明旅遊參觀，對遊客也要積極引導和制訂切實可行的規定，寺院積極引導信眾改掉一些陋習，引導信眾和遊客熱愛環境，自覺主動地維護良好的生態環境。

　　佛教雖不是生態學，其思想中不僅蘊含豐富的生態保護內涵，也具有珍愛大自然、珍愛生命的踐行活動。旅遊行政管理部門和寺院要積極引導將佛

教的環保理念、敬畏生命的理念、文明敬香等環保理念融入旅遊宣傳之中，以香、燈、花、水等多種供養形式，既滿足遊客不同需求，也可表示以虔誠之心禮敬神靈，合理放生。

隨著人們生活水平的提高，閑暇之餘，外出旅遊的人不斷增加，他們遊覽名山大川，佛教聖地，尤其來到佛教聖地，無論有無宗教信仰，很多人會燒香禮佛，表示對神靈的敬畏、對亡故親人的懷念和對美好生活的期盼等。然而他們對於燃香的真正用意並不清楚，或出於對神靈的虔誠，或為某種利益。可是強賣誘騙，燒高香、大香、粗香、大把香，尤其在節假日或出於攀比心理，存在搶頭柱香、燒發財香、長壽香等陋習，且所燃香、蠟燭價高質次，寺院煙霧繚繞，存在有害的化學成分，刺鼻嗆人，不僅有損於遊客和僧眾的身心健康，而且給文物、建築和林木帶來很大的安全隱患，嚴重污染環境，損害了佛教莊嚴形象，使寺院失去了清幽的環境，敗壞的社會風氣。

對於提倡文明旅遊和保護寺院環境等方面，臺灣、香港和大陸的寺院起了很好的帶頭作用，如臺灣法鼓山聖嚴法師提出「四種環保」理念，並在實踐中積極踐行，對於我們有很好的參考和借鑒價值。

佛教生態觀與緣起、平等有著密切關係，也與佛教的善惡輪迴有著緊密的關係，這要求人類要有敬畏之心，不能對自然界和社會為所欲為。佛教認為放生的功德很大，但是現實生活中，很多人不懂大自然規律和缺乏對動物習性的瞭解，一味追求放生的形式，出現了很多不科學的放生，例如隨意亂放生，破壞生態平衡，導致外來物種入侵而失去控制；放生動物基本依靠購買，致使一些不法之徒為了利益而濫殺、濫捕，違反國家法令，刺激殺生行為；不顧他人安危，隨意亂放有危險的動物，在城市放生眼鏡蛇等，這些行為使放生變為殺生，嚴重危害大自然的生態平衡。這樣流於形式而不科學的放生既破壞了生態，也給人們生活帶來諸多不便。政府和寺院應積極引導信眾合理放生，把放生和護生結合起來，或變放生為護生，珍愛生命。

生態環境問題已成為政府和民眾廣為關注和關心的問題，生態問題關係到人人的身體健康，人類的福祉與其所處的環境息息相關，只有保護好人類賴以生存的環境，改善被破壞的生態環境，力爭做到人與自然之間、人與動物之間的和諧共處。寺院生態、文明旅遊可逐漸改變人們的生態觀，使人人關心環境問題，人人盡一點微薄力，我們的環境會逐漸變美。

八、加強與京津文化旅遊的合作

京津冀地區文化相似，地域相連，有共同發展的空間和資源。河北與京津加強文化旅遊的協同合作，包括京津冀三地的區域合作和河北借助京津較高的文化旅遊平臺，能夠打造國際間的合作。

為了改變河北較為落後的文化旅遊局面，河北在與北京、天津共同打造文化旅遊城市群的過程中不能像原來一樣被動等待，要積極行動起來，學習京津成功的經驗，結合自身特色走出一條切實可行的旅遊發展道路。河北省應利用資源優勢，充分利用京津溢出效應來減少乃至消除虹吸效應，打造獨具特色的河北旅遊品牌，吸引旅遊業相關的創新型人才，提高自身旅遊產業實力，增強自主創新能力，鼓勵景區自主創新，首先要做到吸引京津旅遊市場客源來冀參觀遊覽，以此不斷擴大市場。

在制度建設方面，河北要優化區域營商環境，吸引京津優質旅遊企業來冀投資建設和開發，在政策和資金上予以幫助，增強河北省旅遊景區的實力，推進與京津旅遊業的深度融合，縮小京津冀旅遊基礎設施差距。1996 年以來北京、天津、河北、河南、山東、山西、吉林、遼寧、黑龍江和和內蒙古等 10 個省、市、自治區的旅遊局、旅遊協會聯合發起並共同舉辦區域性旅遊交易會，意在促進區域旅遊持續發展和繁榮，2013 年、2019 年兩次在石家莊舉辦，2016 年在河北唐山舉辦，每次旅遊交易會的主題不同，各具特色，吸引國內外機構參加。旅遊交易會的舉辦是實行京津冀三地文化旅遊合作的機會，還需要制訂彼此間具有實質性的、可操作執行的措施。

（一）建立旅遊交通便捷服務體系

旅遊交通便捷服務體系既包括從國際、國內客源地直達京津冀各旅遊目的地城市之間的交通連接，也包括旅遊目的地城市間的交通和目的地城市內部的交通。當前河北省在公共交通便捷程度上仍有很大的提升潛力，應加強公路、鐵路、民航部門的合作，以公共交通網絡為依託，強化旅遊服務功能，在服務內容、服務項目、服務方式、運行機制等方面形成京津冀統一標準，並與國際接軌。以北京大興國際機場建設投用為契機，協同打造京津冀世界級機場群，疏解北京首都機場目前過剩的國內國際航線，適當增加天津機場、石家莊機場的國際航線。目前京津冀三地均已啟動高速公路省界收費站制定實施方案，取消京津冀三地省界收費站。2019 年 6 月 1 日，北京到承德避暑

山莊景區旅遊直通車首發儀式在北京舉行，2019 年 12 月 30 日京張高鐵的開通，可以帶動北京至張家口沿線、天津至張家口沿線的旅遊發展，京津冀旅遊集散地建設又邁出實質性的一步。

（二）完善旅遊公共服務體系

旅遊公共服務的區域發展是整合三地旅遊資源並將其轉化為優勢的保障，是提升京津冀旅遊經濟發展能力和發展水平的必然趨勢。以旅遊部門的推動和引導為主，最大限度的優化配置資源，以相互包容的心態形成開放共享的一體化發展運行模式；構建京津冀三地政府、旅遊企業和社會三方三維框架下的多中心治理模式，達成一體化旅遊的共識，建立順應一體化旅遊發展的「政府主導、社會參與」的新機制，形成產業發展合力，設計更為人性化的旅遊線路，充分利用京津冀三地的旅遊資源，使遊客可以自由選擇，避免很多旅遊景點強制打包搭配式的旅遊線路。

旅遊線路的設計還要滿足不同層次人群的需要，考慮到多種交通需求，有人隨團旅遊，有人自駕旅遊、有人需要乘坐公共交通旅行、而有人可能會乘坐公共交通與單車或徒步結合，單一的交通線路過於乏味，沒辦法滿足遊客的需要，需要採取靈活的線路，這需要設計人員從多角度考慮，考慮到節假日和平時等多種情況，平衡交通線路顯得尤為重要，政府部門對於交通線路或單車服務設施也需要跟進，共同完善旅遊服務體系。

「主客共享」理念應為一體化發展的主流觀念，為強化旅遊行政服務功能，政府應以維護遊客的合法權益為出發點，進一步強化旅遊環境、投訴處理、引導遊客文明出遊等旅遊公共服務職能；構建統一的旅遊公共安全機制建設，包括旅遊安全檢測與服務、緊急救援體系等；構建消費者權益保護體系，包括旅遊者權益保護、對旅遊投訴的執法監督檢查、旅遊者滿意度調查等。

（三）加強與京津的國際交流合作

2017 年經國務院批准，北京、天津、河北三省市將聯動實施部分國家外國人 144 小時過境免辦簽證政策。外國旅客憑有效證件和機票，在京津冀三個地方任意停留不超過六天都可免簽。河北省應充分利用這一政策提升對外開放水平、提升旅遊從業人員的素質、提高旅遊業的國際化程度，讓國際遊客感受到其便捷和人性化的服務。

借助京津冀協同發展、冬奧會籌辦、雄安新區規劃建設三重歷史機遇，

完全具備躋身全國，乃至世界知名旅遊的條件，以雄安建設為契機，填補「天津——石家莊」軸線之間的城市缺環，推動河北與京津的緊密協同發展，進一步縮小三地發展差距，以雄安作為國際交流的窗口，為河北省形象展示提供更加廣闊的國際平臺，彌補京津冀國際交流中的短板，解決目前河北省國際化水平較低的問題。

京津冀特別是河北省要著眼開拓國際旅遊市場。在對外文化交流和發展的背景下，希望河北能夠開通更多的國際航線，增建更多的公共設施加大綠地建設，吸引更多的國際友人來京津冀旅遊觀光。我們可以發揮河北佛教文化影響力，充分合理地利用河北豐富佛教文化遺產資源，文化遺產資源以帶動經濟收益。

綜上所述，佛教文化遺產是連接民族情感紐帶、增進民族團結和維護國家統一及社會穩定的重要文化基礎，是中華文明淵源流長和生生不息的見證，是傳承弘揚中華優秀傳統文化的歷史根脈，是加強社會主義精神文明建設的深厚滋養，是推動經濟社會發展的優勢資源，也是維護世界文化多樣性、創造性和促進人類共同發展的前提。河北佛教文化遺產有漢傳佛教也有藏傳佛教，以及相關文化遺存，制訂長期的文物保護規劃和措施，通過加強法律手段，建立專門執法機構，切實保護文化遺產的開發，使之得到合理的利用，在不同民族佛教文化保護、開發利用的同時，又可促進京津冀三地佛教文化旅遊多樣性。

結 語

　　河北佛教發展歷史悠久，佛教文化遺存豐富多樣。從東漢佛教傳入冀州大地之初，因年代久遠，遺存的文物文獻資料非常有限，只有較早的普彤塔等。佛教經過兩晉南北朝經隋唐宋遼金到元明清，先後出現多個不同的佛教發展中心，先是鄴城、襄國、冀州，然後是正定、燕京（大都、北京）、宣化和承德等地，不同時期不同地區佛教發展各具特色，且具有密切關聯，出現漢藏佛教文化融合、儒釋道佛教文化融合等多元發展局面。

　　曹魏南北朝時期，鄴城為曹魏、後趙、冉魏、前燕、東魏和北齊的都城，鄴城和襄國是北朝政治、經濟和文化的中心之一。鄴都、襄國作為佛教發展重鎮，佛圖澄、道安曾在襄國、鄴城弘傳佛法、建立龐大的僧團。佛圖澄圓寂之後，道安又到襄陽、長安傳法譯經，僧人以「釋」為姓，制訂符合中國特色的僧團管理制度，促進各地佛法的交流，推進佛教發展中國化進程。繼佛圖澄、道安之後，達摩北上洛陽，在少林寺傳達摩禪法，其弟子慧可又至鄴城宣揚禪法，慧可傳法僧璨，鄴城一帶達摩禪法得到發展。北周滅佛，慧可、僧璨南下司空山、天柱山等地將達摩禪法發揚光大，極大推動唐代東山法門的建立和禪宗真正的創立。目前，邯鄲、邢臺、冀州等正在恢復或已經恢復了與歷史上著名高僧弘法和住錫的寺院。

　　北齊在鄴都附近先後開鑿了南北響堂山石窟、水峪寺石窟、鑿刻大量佛教造像，北齊還在響堂山、中皇山雕刻佛經，刻經內容來自三個方面，一是來自西北地區，二是來自南方譯經，三是來自鄴城、洛陽譯經等，涉及鳩摩羅什、竺法護、曇無讖、聖堅、菩提流支、佛陀扇多、求那跋陀羅、曇摩伽陀耶舍、曼陀羅仙、佛馱跋陀羅等人譯經，他們或來自天竺經西域至中原，

在洛陽、鄴城翻譯經典。這三個方面的譯經先後流傳北齊，得到信奉供養，被信眾出資鐫刻在石壁上以求長期保存。遺存的響堂山刻經、石刻佛造像、鄴城佛造像坑出土佛造像與絲綢之路文化交往和影響有密不可分的關係。南北朝以鄴城為中心的周邊地區佛教廣泛吸收陸路和海路佛教文化的同時，不斷融匯發展，又將禪法和佛學輸出不同地區，促進了佛教的繁榮和中國化的發展。河北邯鄲響堂山、中皇山、河南安陽和山西天龍山地區留下了豐富的石刻經、石窟造像、或寺院或遺跡，見證了歷史上形成的洛陽—鄴城—晉陽文化圈的繁榮。如今豐富的佛教文化遺存和優美的太行自然風光卻帶動了文化旅遊業的發展，是世人休閒娛樂和增長知識的場所，也成為世人研究佛教建築、藝術、歷史的絕好去處。

隋唐五代時期，河北佛教經歷統一強盛的發展興盛階段，也經歷遭受五代各自為政的分裂階段。隋唐統一全國，形成以長安洛陽為中心並輻射全國各地的佛教文化的發展局勢，陸路和海路文化交流繁榮。河北屬於河北道，也出現了鎮州、幽州等文化發展中心。鎮州交通發達，經由五臺山等地東來西往的僧侶和文化交流非常興盛，不僅敦煌莫高窟第 61 窟保存著五臺山和河北道鎮州的壁畫，而且河北道寺院、佛塔的修建也很興盛，現存的正定隆興寺和開元寺、邢州的開元寺等諸多寺院，以及大量的佛塔、碑刻、造像、經幢和石刻經等見證了當時佛教的輝煌。

晚唐五代時期，唐中央政權衰落，各地節度使掌握重權，且擁兵各自為政，河北道屬於河朔三鎮節度使統轄。河朔三鎮節度使信仰佛教，積極支持佛教的發展，唐武宗的滅佛運動對河北影響不大，由於節度使採取保護佛教的政策，佛教還能有序而健康發展。義玄在鎮州創立臨濟宗，從諗在趙州弘揚趙州禪，將禪茶文化融為一體。臨濟禪和趙州禪對後世乃至國外文化都產生極大影響。

五代時，河北先後歸屬不同政權，尤其後周滅佛對河北佛教產生很大的消極影響，但一些佛教的建築、藝術、碑刻、經幢和刻經等還是保存下來。

宋遼金又是不同政權的分立時期，北宋以開封為都城，把河北分為河北東路和河北西路，宋開封、大名、真定一帶的文化再度發展。從燕雲十六州割給契丹後，河北北部屬於遼的勢力範圍，遼確立的五京制度，燕雲也逐漸成為遼代的統治中心，佛教得到很大程度的發展。宋遼金時期河北佛教先是呈現多元的發展中心，北部的燕京、蔚縣小五臺山等，南部的大名、真定、

定州等。金朝擁有河北全境，在遼宋佛教發展基礎上，燕京、真定、定州、邢州等地佛教都得到很大發展，統治者建寺齋僧，修塔立幢之風盛行，並雕刊或續雕了《開寶藏》《契丹藏》《趙城金藏》和石刻《房山石經》等，很多的佛教文化遺產得以保存。

元明清又是歷史上大一統時期，皆以大都（北京）為首都，河北屬於腹裏或北直隸、順天府。元明清除了北京以外，承德、保定、正定、宣化等地佛教得以繼續發展，不僅出現漢藏佛教的融合局面，而且佛教發展進一步民間化、世俗化。因為元明清距今時間最短，所以保存下來的佛教文化遺存也最多，既有對前朝修葺或重建的寺院，也有大量的碑刻、建築和藝術等。

河北地區豐富的佛教物質文化和非物質文化遺產，是人類文明的結晶和精華，是先輩留給後世的珍貴文化資源。河北可保護、合理利用的佛教文化資源豐富，用於發展旅遊產業也存在很大空間。從小的方面，河北每一地區可以深入挖掘佛教文化資源，摸清家底，進行合理保護和利用。在此基礎上，河北各地區間可以加強資料共享，合作開發和利用，實現共贏的目的。從大的方面，河北省各級政府可以發揮管理、協調和統籌機制，使得河北省佛教文化資源充分得到保護和有效利用，並發揮其在週邊文化旅遊方面的優勢。河北在加強與京津合作協同發展的同時，首先要意識到自身存在的問題，需要改變觀念、改變傳統的粗放型經濟發展產業和改變環境污染、大氣污染、水污染等要求日益迫切，需要加大淘汰粗放型的產業，轉而發展清淨乾淨的服務型產業，需要加大佛教文化資源的保護力度，深入開發文化資源，加強佛教文化資源的保護，合理利用文化資源，發展以佛教文化為主體的京津冀佛教文化旅遊的朝陽產業，具有廣闊的發展前景，市場潛力巨大。

佛教文化旅遊主要依託於佛教文化遺產，佛教作為文化現象，從古到今都受到重視，歷史上京津冀三地地緣相近，文化相通，基本歸於同一區域，尤其金元明清，以北京為首都，河北或屬於腹裏或屬於北直隸，三地的發展相對平衡，皆擁有深厚的文化底蘊、豐富的佛教文化級旅遊資源，完全具備打造成為區域旅遊城市群的基礎條件。河北政府在加強自身文化建設的同時，積極謀求與京津等地協同發展。以佛教文化資源可作為京津冀三地具體合作的媒介和突破點，因為京津冀三地都保存歷史上同一時期的古寺院、古佛塔建築、佛教藝術、碑刻、石刻經等物質文化遺產，以及受佛儒道影響而形成諸多相似的非物質文化遺產等。實現京津冀三地佛教文化旅遊的協調發展對

於共同加強對珍貴佛教文化遺產的保護、資源整合、線路優化、交通路線的
設置等有重要的現實意義，以此展開制訂京津冀三地佛教旅遊具體實施方
案，促進京津冀一體化的具體發展，促進京津冀三地國際化的發展，也從中
提升河北在京津冀文化旅遊發展中的地位和競爭力。

參考文獻

一、古籍

1. （後漢）班固撰：《漢書》，北京：中華書局標點本，1964 年。
2. （北齊）魏收撰：《魏書》，北京：中華書局標點本，1974 年。
3. （唐）李延壽撰：《南史》，北京：中華書局標點本，1975 年。
4. （唐）姚思廉撰：《梁書》，北京：中華書局標點本，1973。
5. （唐）李百藥撰：《北齊書》，北京：中華書局標點本，1972 年。
6. （唐）房玄齡等撰：《晉書》，北京：中華書局標點本，1974 年。
7. （唐）魏徵等撰：《隋書》，北京：中華書局標點本，1973 年。
8. （後晉）劉昫等撰：《舊唐書》，北京：中華書局標點本，1975 年。
9. （宋）薛居正等撰：《舊五代史》，北京：中華書局標點本，1976 年。
10. （宋）范曄撰：《後漢書》，北京：中華書局標點本，1973 年。
11. （元）脫脫等撰：《宋史》，北京：中華書局標點本，1977 年。
12. （宋）李燾撰：《續資治通鑒長編》，北京：中華書局標點本，1979 年。
13. （宋）趙安仁等編：《大中祥符法寶錄》，《宋藏遺珍》第 108 冊，上海：上海磧砂藏影印會，1935 年。
14. （宋）惟淨等編：《天聖釋教總錄》，《宋藏遺珍》第 112 冊，上海：上海磧砂藏影印會，1935 年。
15. （元）脫脫等撰：《遼史》，北京：中華書局標點本，1974 年。
16. （元）脫脫等撰：《金史》，北京：中華書局標點本，1975 年。
17. （明）宋濂等撰：《元史》，北京：中華書局標點本，1976 年。
18. （清）張廷玉等撰：《明史》，北京：中華書局標點本，1974 年。
19. 趙爾巽等撰：《清史稿》，北京：中華書局標點本，1977 年。

20. （清）董誥等編：《全唐文》，北京：中華書局影印本，1983 年。

21. 常鵬：《唐國史補》校箋（卷下），新北市：花木蘭文化出版社，2015 年。

22. （北魏）楊衒之撰，范祥雍校注：《洛陽伽藍記》，北京：中華書局，1958 年。

23. （梁）釋僧祐著，蘇晉仁等點校：《出三藏記集》，北京：中華書局標點本，2008 年。

24. （梁）慧皎撰，湯用彤校注：《高僧傳》，北京：中華書局標點本，2004 年。

25. （唐）道宣撰，郭紹林點校：《續高僧傳》，北京：中華書局標點本，2014 年。

26. （宋）贊寧撰，范祥雍點校：《宋高僧傳》，北京：中華書局標點本，1987 年。

27. （宋）洪皓撰：《松漠紀聞》，上海：上海書店出版社，1994 年。

28. （唐）僧詳撰：《法華傳記》，《大正藏》第 51 冊，第 2068 號。

29. （隋）智顗撰：《觀音玄義》，《大正藏》第 34 冊，第 1726 號。

30. （唐）道世撰：《法苑珠林》，《大正藏》第 53 冊，第 2122 號。

31. （唐）義淨撰，王邦維校注：《大唐西域求法高僧傳》，北京：中華書局，1988 年。

32. （元）程鉅夫撰：《雪樓集》，見李修生主編《全元文》（第 16 冊），南京：江蘇古籍出版社，1999 年。

33. 李修生主編：《全元文》，南京：江蘇古籍出版社，1999 年。

34. （明）明河撰：《補續高僧傳》，《卍新續藏》第 77 冊，第 1524 號。

35. （梁）曼陀羅仙譯：《文殊師利所說摩訶般若波羅蜜經》，《大正藏》第 8 冊，第 232 號。

36. （北涼）曇無讖譯：《大方等大集經》，《大正藏》第 13 冊，第 397 號。

37. （後秦）鳩摩羅什譯：《摩訶般若波羅蜜經》，《大正藏》第 8 冊，第 223 號。

38. （後秦）鳩摩羅什譯：《大智度論》，《大正藏》第 25 冊，第 1509 號。

39. （東晉）法顯譯：《大般涅槃經》，《大正藏》第 1 冊，第 7 號。

40. （宋）求那跋陀羅譯：《過去現在因果經》，《大正藏》第 3 冊，第 189 號。

41. （姚秦）鳩摩羅什譯：《佛說彌勒大成佛經》，《大正藏》第 14 冊，第 456 號。

42. （北涼）曇無讖譯：《大般涅槃經》，《大正藏》第 12 冊，第 374 號。

43. （隋）法經等撰：《眾經目錄》，《大正藏》第 55 冊，第 2148 號。

44. （五代）靜、筠編撰：《祖堂集》，《大藏經補編》第 25 冊，第 144 號。

45. （唐）智炬撰：《雙峰山曹侯溪寶林傳（殘卷）》，《大藏經補編》第 14 冊，第 81 號。

46. （唐）釋淨覺：《楞伽師資記》，《大正藏》，第 85 冊，第 2837 號。

47. （唐）獨孤沛撰，胡適校訂：《菩提達摩南宗定是非論》，《大藏經補編》，第 25 冊，第 142 號。

48. 敦煌三藏譯：《佛說決定毗尼經》，《大正藏》第 12 冊，第 325 號。

49. （唐）釋道宣撰：《廣弘明集》，《大正藏》第 52 冊，第 2103 號。

50. （唐）慧然集：《鎮州臨濟慧照禪師語錄》，《大正藏》第 47 冊，第 1985 號。

51. （唐）慧立、彥悰著：《大慈恩寺三藏法師傳》北京：中華書局標點本，1983 年。

52. （唐）文遠：《趙州真際禪師語錄》，見《古尊宿語錄》，《卍新續藏》第 68 冊，第 1315 號。

53. （唐）懷海集編，（清）儀潤證義：《百丈叢林清規證義記》，《卍新續藏》第 63 冊，第 1244 號。

54. （宋）道原撰：《景德傳燈錄》，《大正藏》第 51 冊，第 2076 號。

55. （宋）志磐撰：《佛祖統紀》，《大正藏》第 49 冊，第 2035 號。

56. （宋）普濟撰：《五燈會元》，《卍新續藏》第 80 冊，第 1565 號。

57. （遼）道㲀集：《顯密圓通成佛心要集》，《大正藏》，第 46 冊，第 1955 號。

58. （元）覺岸、寶洲撰：《釋氏稽古略》，《大正藏》第 49 冊，第 2037 號。

59. （元）覺岸、寶洲：《釋氏稽古略》，《大正藏》第 49 冊，第 2037 號。

60. （元）祥邁撰：《辯偽錄》，《大正藏》第 52 冊，第 2116 號。

61. （明）圓悟著：《闢妄救略說》，《卍新續藏》第 65 冊，第 1280 號。

62. （清）真理等編：《介庵進禪師語錄》，《嘉興藏》第 29 冊，第 B233 號。

63. （清）李鴻章等：《畿輔通志》，上海：商務印書館影印本，1934 年。

64. （清）道光《黃檗山志》，杜潔祥主編：《中國佛寺史志彙刊》（第三輯第四冊），臺北：丹青圖書公司印行，1985 年。

65. （清）端方：《陶齋藏石記》，《石刻史料新編》，臺北：新文豐出版社，1982 年。

66. （清）光緒《江浦埠乘》，《中國地方志集成》，南京：江蘇古籍出版社，1991 年。

67. （清）王發枝撰：《敕建隆興寺志》，《羅氏雪堂藏書遺珍影印》（八），全

國圖書館文獻縮微複製中心。

68. 張秀生：《正定隆興寺》，北京：文物出版社，2000 年。

69. （清）趙文濂：《正定縣志》，石家莊：河北人民出版社，2008 年。

70. （清）繆荃孫輯：《順天府志》，北京：北京大學出版出版，1983 年。

71. 察哈爾省《蔚州志》，臺北：成文出版社，清光緒三年刊本影印，1968年。

72. （清）沈濤：《常山貞石志》，見《石刻史料新編》第 18 冊，臺北：新文豐出版公司，1977 年。

73. （民國）黃容惠修《南宮縣志》，見《中國方志叢書·華北地方》，臺北：成文出版社有限公司，1976 年。

74. （民國）《磁縣縣志》，見《中國方志叢書·華北地方》，臺北：成文出版社，1968 年。

75. 何用德、索朗旺堆：《桑耶寺簡志》，拉薩：西藏人民出版社，1987 年。

76. （民國）喻謙輯：《新續高僧傳四集》，北洋印刷局影印本，1923 年。

77. 洛陽市地方史志編纂委員會編：《洛陽市志》，鄭州：中州古籍出版社，1996 年。

78. 沈雲龍主編：《中國名山勝蹟志》（第 2 輯），臺北：文海出版社，1971年。

79. 河北省趙縣地方編纂委員會編纂：《趙縣志》，北京：中國城市出版社，1993 年。

二、資料、著作類

1. 張林堂主編：《響堂山石窟碑刻題記總錄》（一、二），北京：外文出版社，2007 年。

2. 峰峰礦區文物保管所、芝加哥大學東亞藝術中心著：《北響堂山石窟刻經洞——南區 1、2、3、號窟考古報告》，北京：文物出版社，2013 年。

3. 涉縣北齊摩崖刻經編委會：《涉縣北齊摩崖刻經》，內部資料。

4. 冀金剛、趙福壽主編：《邢臺開元寺金石志》，北京：國家圖書館出版社，2013 年。

5. 明海主編：《柏林禪寺志》，鄭州：大象出版社，2015 年。

6. 楊衛東：《古涿州佛教刻石》，石家莊：河北教育出版社，2007 年。

7. 中國佛教協會、中國佛教圖書文物館編：《房山石經》，北京：華夏出版社，2000 年。

8. 梁思成：《梁思成文集》，北京：中國建築工業出版社，2001 年。

9. 閻鳳梧主編：《全遼金文》（上中下），太原：山西古籍出版社，2002 年。

10. 向南編：《遼代石刻文編》，石家莊：河北教育出版社，1995 年。

11. 俄羅斯科學院東方研究所、中國社科院民族所等編：《俄藏黑水城文獻》（第 4 冊），上海：上海古籍出版社，1997 年。

12. 藍吉富主編：《禪宗全書》，臺北，文殊出版社印行，1988 年。

13. 梁勇，楊俊科：《石家莊史志論稿》，石家莊：河北教育出版社，1988 年。

14. 河北省文物研究所編：《宣化遼墓：1974～1993 年考古發掘報告》，北京：文物出版社，2001 年。

15. 正定縣文物保管所編：《隆興寺》，北京：文物出版社，1987 年。

16. 《正定隆興寺傳說》，北京：人民美術出版社，1990 年。

17. 祁英濤：《正定隆興寺簡介》，見《祁英濤古建論文集》，北京：華夏出版社，1992 年。

18. 施麥生：《正定攬勝》，北京：海洋出版社，1993 年。

19. 河北省地方志編纂委員會編：《河北省志・宗教志》，北京：中國書籍出版社，1995 年。

20. 河北省地方志編纂委員會編：《河北省志・旅遊志》，石家莊：河北人民出版社，1994 年。

21. 政協石家莊市委員會編著：《石家莊歷史文化精華》，北京：中國對外翻譯出版公司，1997 年。

22. 張秀生等撰文：《正定文物精華》，北京：文化藝術出版社，1998 年。

23. 正定縣文史資料研究委員會編印：《正定文史資料》（第 1 輯），油印資料，1984 年。

24. 《臨濟禪寺》，正定臨濟寺編印（內部資料），1999 年。

25. 《臨濟禪寺簡介》，正定臨濟寺編印（內部資料）。

26. 《禪門日誦》，柏林禪寺編印（內部資料）。

27. 金維諾主編：《河北石家莊毗盧寺壁畫》，石家莊：河北美術出版社，2001 年。

28. 康殿峰：《毗盧寺壁畫》，石家莊：河北美術出版社，2009 年。

29. 河北省古代建築保護研究所編：《昭化寺》，北京：文物出版社，2007 年。

30. 高春秋、王樹謙編著：《毗盧寺的歷史與傳說》，石家莊：河北教育出版社，2003 年。

31. 王舜、陳淑華編著：《承德大佛寺》，北京：中國戲劇出版社，2000 年。

32. 安忠和、陳淑華主編：《普寧寺之謎》，呼和浩特：遠方出版社，2000 年。

33. 馮術林編著：《承德寺廟與佛像》，北京：中國戲劇出版社，2001 年。

34. 李裕群：《北朝晚期石窟寺研究》，北京：文物出版社，2003 年。

35. 趙立春：《河北響堂山北朝刻經書法》（全三冊），重慶：重慶出版社，2003年。

36. 武威振、武英偉著：《國家歷史文化名城——正定》，石家莊：河北教育出版社，2006年。

37. 張勇：《趙州從諗研究資料輯注》，成都：巴蜀書社，2006年。

38. 張勇：《傅大士研究》，上海：上海人民出版社出版社，2012年。

39. 馬忠理：《北朝摩崖刻經研究》（三），呼和浩特：內蒙古人民出版社，2006年。

40. 安忠和：《安忠和說承德》，北京：中國戲劇出版社，2007年。

41. 《中國名寺高僧》編委會：《中國名寺高僧》，北京：中國旅遊出版社，2007年。

42. 王兆榮、王芳編著：《觀世音與白雀庵》，北京：社會科學文獻出版社，2008年。

43. 劉順超：《邢臺大開元寺》，北京：方志出版社，2009年。

44. 馮金忠：《燕趙佛教》，北京：中國社會科學出版社，2009年。

45. 王舜編著：《承德名勝大觀》，呼和浩特：遠方出版社，2010年。

46. 武英偉、武威振編著：《正定大佛之城》，石家莊：河北美術出版社，2010年。

47. 政協正定縣委員會編：《正定歷史文化讀本》，北京：兵器工業出版社，2012年。

48. 正定縣文物保管所編：《正定隆興寺壁畫》，北京：文物出版社，2013年。

49. 王增月主編：《千年正定城》，北京：人民日報出版社，2014年。

50. 二祖寺資料彙編：《二祖集》，內部資料。

51. 賈永輝：《湛賢禪師的等待》，石家莊：山花文藝出版社，2015年。

52. 賈永輝：《臨濟寺史話》，石家莊：山花文藝出版社，2015年。

53. 胡中才：《道安蹤跡考析》，北京：宗教文化出版社，2016年。

54. 釋貴明採寫：《尋覓道安弘法蹤跡》，湖北省襄陽市民族宗教事務局（內部資料），2014年。

55. 張志軍：《河北佛教史》，北京：宗教文化出版社，2016年。

56. 戴建兵：《隆堯碑誌輯要》，天津：天津人民美術出版社，2016年。

57. 戴建兵：《深澤碑刻輯錄》，石家莊：河北人民出版社，2017年。

58. 顧軍、苑利著：《文化遺產報告》，北京：社會科學文獻出版社，2005年。

59. 季羨林著：《季羨林論佛教》，北京：華藝出版社，2006年。

60. 黃啟江：《北宋佛教史論稿》，臺北：臺灣商務印書館，1997年。

61. 梁啟超：《飲冰室專集》，北京：中華書局 1936 年。

62. 呂澂：《中國佛教源流略講》，北京：中華書局，1979 年。

63. 趙樸初：《佛教與中國文化》，北京：中華書局，1988 年。

64. 胡適：《跋寶林傳殘本七卷》，《胡適學術文集‧中國佛學史》，北京：中華書局，1997 年。

65. 周叔迦：《周叔迦佛學論著集》，北京：中華書局，1991 年。

66. 吳焯：《佛教東傳與中國佛教藝術》，杭州：浙江人民出版社，1991 年。

67. 湯用彤：《漢魏兩晉南北朝佛教史》，北京：北京大學出版社，1997 年。

68. 溫玉成：《中國石窟與文化藝術》，上海：上海人民美術出版社，1993。

69. 湯一介：《佛教與中國文化》，北京：宗教文化出版社，1999 年。

70. 于君方：《觀音——菩薩中國化的演變》，北京：商務印書館，2015 年。

71. 賴鵬舉：《絲路禪法與圖像》，臺北：財團法人圓光佛學研究所，2002 年。

72. 黃啟江：《北宋佛教史論稿》，臺北：臺灣商務印書館，1997 年。

73. 王兆榮、王芳著：《觀世音與白雀庵》，北京：社會科學文獻出版社，2008 年。

74. 班欽‧索南查巴著，黃顥譯注：《新紅史》，拉薩：西藏人民出版社，1987 年。

75. 梁勇，楊俊科：《石家莊史志論稿》，石家莊：河北教育出版社，1988 年。

76. 李富華、何梅著：《漢文佛教大藏經研究》，北京：宗教文化出版社，2003 年。

三、期刊論文類

1. 梁思成：《正定調查紀略》，《中國營造學社彙刊》1933 年第 4 卷第 2 期。

2. 祁英濤、李士蓮、聶連順：《摩尼殿壁畫揭取、修復的技術操作》，《古建園林技術》1984 年第 1 期。

3. 李士蓮、陳偉：《趙州真際禪師塔修繕技術》，《古建園林技術》2001 年第 2 期。

4. 孔祥珍：《牟尼殿主要木構件承載能力和節點榫卯研究》，《古建園林技術》1985 年第 3 期。

5. 聶金鹿、林秀珍：《正定隆興寺摩尼殿斗拱修配與安裝紀實》，《古建園林技術》1987 年第 2 期。

6. 宿白：《宣化考古三題》，《文物》1998 年第 1 期。

7. 巴臥‧祖拉陳哇著，黃灝譯：《賢者喜宴》摘譯（三），《西藏民族學院學報》1981 年第 2 期。

8. 郭玎、周聖國：《大慈閣始建年代考辯》，《文物春秋》1991 年第 2 期。

9. 梁勇：《再考正定龍興寺始建年代》，《文物春秋》1992 年第 2 期。

10. 李裕群：《鄴城石窟與刻經》，《考古學報》1997 年第 4 期。

11. 劉友恒：《正定隆興寺千手觀音手臂問題辨誤》，《文物春秋》1994 年第 1 期。

12. 劉友恒：《隆興寺內的兩座經幢》，《文物春秋》1997 年第 3 期。

13. 李秀婷、劉友恒：《正定隆興寺清代行宮考述》，《文物春秋》，2003 年第 1 期。

14. 劉有恒、李秀婷：《〈真定十方臨濟慧照公大宗師道行碑銘〉淺談》，《文物春秋》2007 年第 5 期。

15. 劉友恒、梁曉麗：《隋龍藏寺碑瑣談》，《文物春秋》2008 年第 6 期。

16. 劉友恒、郭玲娣、樊瑞平：《隆興寺摩尼殿壁畫初探》（上），《文物春秋》2009 年第 5 期。

17. 劉友恒、郭玲娣、樊瑞平：《隆興寺摩尼殿壁畫初探》（下）《文物春秋》2010 年第 1 期。

18. 劉友恒：《一通記錄那摩國師行狀的重要佛教碑刻》，《文物春秋》2010 年第 3 期。

19. 倪春林：《河北正定隆興寺摩尼殿壁畫藝術特徵初探》，《美術》2016 年第 8 期。

20. 趙立春：《響堂山北齊「塔形窟龕」》，《中原文物》1991 年第 4 期。

21. 趙立春：《響堂山北齊塔形窟述論》，《敦煌研究》1993 年第 3 期。

22. 趙立春：《響堂山石窟的編號說明及內容簡錄》，《文物春秋》2000 年第 5 期。

23. 趙立春：《從文獻資料論響堂山石窟的開鑿年代》，《文物春秋》2002 年第 2 期。

24. 趙立春：《河北磁縣趙王廟隋代摩崖造像》，《文物春秋》2007 年第 6 期。

25. 趙立春：《響堂山石窟北朝刻經試論》，《文物春秋》2003 年第 4 期。

26. 陳浩：《隋禪宗三祖僧璨塔銘磚》，《文物》1985 年第 4 期。

27. 任傑：《房山石經中保存的契丹國慈賢譯經》，《房山石經之研究》，北京：中國佛教協會出版，1987 年。

28. 任傑：《房山石刻〈大智度經論〉整理記》，《房山石經之研究》，北京：中國佛教協會出版，1987 年。

29. 曹汛：《涿州雲居寺塔的年代學考證》，《建築師》2007 年第 1 期。

30. 劉東光、陳光唐：《邯鄲鼓山水浴寺石窟調查報告》，《文物》1987 年第 4 期。

31. 羅炤：《有關〈契丹藏〉的幾個問題》，《文物》1992 年第 11 期。

32. 羅炤:《從洪頂山到響堂山》,《石窟寺研究》2013 年第 1 期。

33. 陳國瑩:《豐潤天宮寺塔保護工程及發現的重要遼代文物》,《文物春秋》1989 年創刊號。

34. 朱子方:《〈豐潤天宮寺塔保護工程及發現的重要遼代文物〉一文讀後記》,《文物春秋》1991 年第 2 期。

35. 方廣錩:《遼藏版本及〈遼小字藏〉存本》,《文獻》2015 年第 2 期。

36. 胡穆:《佛教東來第一寺——普彤寺》,《中國文化報》2002 年 4 月 4 日第 7 版。

37. 程群、邱秩浩:《萬松行秀與金元佛教》,《法音》2004 年第 4 期。

38. 馬博琴:《對正定佛教旅遊資源開發的思考》,《科技廣場》2007 年第 10 期。

39. 劉曉:《萬松行秀新考》,《中國史研究》2009 年第 1 期。

40. 魏娟、杜平、李秀婷:《千手觀音何以成為正定隆興寺所供主尊》,《文物春秋》2001 年第 5 期。

41. 溫涵清:《88 年前的正定隆興寺大悲菩薩照片》,《文物春秋》2003 年第 1 期。

42. 李秀婷,杜平:《隆興寺與封建皇室資料彙編》,《文物春秋》2006 年第 1 期。

43. 杜平、梁曉麗:《隆興寺摩尼殿山中觀音始塑年代考》,《文物春秋》2007 年第 1 期。

44. 邢鵬:《摩尼殿諸天尊像壁畫研究》,《文物春秋》2011 年第 6 期。

45. 劉建華:《河北曲陽八會寺隋代刻經龕》,《文物》1995 年第 5 期。

46. 貢俊錄:《正隆興寺意定和尚功德碑》,《文物春秋》2007 年第 2 期。

47. 張錦棟、杜平:《隆興寺殘石羅漢像紀略》,《文物春秋》,2010 年第 4 期。

48. 劉曉:《金元北方雲門宗初探——以大聖安寺為中心》,《歷史研究》2010 年第 6 期。

49. 樊瑞平、郭玲娣:《宋敕賜閣記殘碑》,《文物春秋》2003 年第 6 期。

50. 郭玲娣、樊瑞平、陳艮鳳:《正定隆興寺內龍紋碑首的雕刻藝術》,《文物春秋》2006 年第 2 期。

51. 張永波、于坪蘭:《試論正定隆興寺隋舍利塔到戒壇的演變》,《文物春秋》2011 年第 4 期。

52. 馬育敏:《正定隆興寺摩尼殿壁畫修復記實》,《古建園林技術》2017 年第 3 期。

53. 陳耀林:《毗盧寺和毗盧寺壁畫》,《美術研究》1982 年第 1 期。

54. 孫啟祥:《毗盧寺創建年代、壁畫繪製年代略考》,《文物春秋》1994 年

第 2 期。

55. 李翎：《水陸畫中的鬼子母圖像》，《吐魯番學研究》2017 年第 2 期。

56. 楊金萍等：《佛教水陸畫中的涉醫圖考》，《醫學與哲學》2017 年第 7A 期。

57. 馬忠理，李喜紅：《北齊雕塑藝術的寶庫——響堂寺石窟》，《河北學刊》1983 年第 2 期。

58. 馬忠理：《鄴都近邑北齊佛教刻經初探》，見《北朝摩崖刻經研究》，濟南：齊魯書社，1991 年。

59. 馬忠理：《邯鄲鼓山、滏山石窟北齊佛教刻經》，見《北朝摩崖刻經研究》（續），北京：天馬圖書公司，2003 年。

60. 季羨林：《浮屠與佛》，見《中印文化關係史論叢》，北京：人民出版社，1957 年。

61. 張總：《中皇山刻經與唯識古學》，見河北涉縣文物旅遊局編《女媧文化摩崖刻經論文集》，2005 年。

62. 謝振發：《北響堂山石窟南洞北齊石經試論——唐邕刻經事情的討論》，見曾布川寬主編《中國美術的圖像學》，京都：京都大學人文科學研究所，2006 年。

63. 中國社科院考古所等：《河北臨漳縣鄴城遺址吳莊佛教造像埋藏坑的發現與發掘》，《考古》2012 年第 4 期。

64. 中國社科院考古所等：《河北臨漳縣鄴城遺址趙彭城北朝佛寺 2010～2011 年的發掘》，《考古》2013 年第 12 期。

65. 顧燮光、范壽銘編：《河朔訪古隨筆》（2 卷）、《河朔訪古新錄》（14 卷）附《河朔金石目》（10 卷）、待訪（1 卷），見《石刻史料新編》（第 2 輯），第 12 冊，臺北：新文豐出版社，1979 年。

66. 劉敦禎：《河北、河南、山東古建築調查日記》，《劉敦禎文集》（3），北京：中國建築工業出版社，2007 年。

67. 邯鄲市峰峰礦區文管所、北京大學考古實習隊：《南響堂石窟新發現窟簷遺跡及龕像》，《文物》1992 年第 5 期。

68. 孟繁興：《南響堂石窟清理記》，《文物》1992 年第 5 期。

69. 李文生：《響堂山石窟造像的特徵》，《中原文物》1984 年第 1 期。

70. 張惠明：《響堂山和駝山石窟造像風格的過渡特徵》，《敦煌研究》1989 年第 2 期。

71. 陳悅新：《麥積山與響堂山石窟差異》，《北京理工大學學報》2005 年第 4 期。

72. 有朋、宋楨秀：《義玄禪師與正定臨濟寺》，《法音》1986 年第 5 期。

73. 劉洪彩：《佛教藝術遺產與當代文化產業》，《北方美術》2013 年第 4 期。

74. 邢東風:《北京地區淨土信仰史蹟小考——以徹悟大師住持過的寺院為中心》,2016 年 1 月香港中文大學舉辦「人間淨土與彌陀淨土」國際學術研討會。

75. 王治:《中國早期西方淨土變造像再考》,《故宮博物院院刊》2019 年第 4 期。

76. 戴曉雲:《重泰寺水陸畫內容考》,《故宮博物院院刊》2011 年第 4 期。

77. 徐建中:《昭化寺始建年代及明代修繕情況調查》,《文物春秋》1994 年第 3 期。

78. 徐建中:《昭化寺大雄寶殿壁畫初探》,《文物春秋》1996 年第 1 期。

79. 文健:《京津冀世界級旅遊城市群的建設路徑研究》,《法制與社會》2019 年 7 月下旬。

80. 崔紅芬:《河北古寺院歷史文化調查與文物遺跡保護——以邯鄲爆臺寺、月愛寺為例》,《禪與人類文明研究》(第 4 集),香港:香港中文大學出版社,2019 年。

81. 崔紅芬:《臨濟寺有明禪師的生平與弘法活動——慧憨法師訪談》,《禪與人類文明研究》(第 5 集),香港:香港中文大學出版社,2019 年。

82. 崔紅芬:《響堂山北齊石刻經考略》,明海主編《第四屆三禪會議論文集》,北京:宗教文化出版社,2015 年。

83. 崔紅芬:《淨慧長老生活禪與臨濟禪法初探》,2013 年第四屆黃梅禪文化論壇提交論文。

84. 崔紅芬:《鄴城遺存北齊石刻〈華嚴經〉考略》,釋永信主編《少林寺與北朝佛教》,北京:宗教文化出版社,2018 年。

85. 崔紅芬:《從邯鄲地區遺存北齊石刻經看絲路文化交流》,2016 年紀念慧可大師圓寂 1423 週年暨邯鄲二祖文化與地論學派國際學術研討會論文。

86. 崔紅芬:《從文獻記載探討達摩形象的變化》,2017 年二祖寺舉辦禪宗與佛教中國化學術研討會提交論文。

87. 崔紅芬:《三祖僧璨弘法活動考略》,2018 年中華禪宗安徽天柱山三祖禪寺舉辦第六屆禪文化論壇提交論文。

88. 程群、邱秩浩:《萬松行秀與金元佛教》,《法音》2004 年第 4 期。

89. 崔紅芬:《金朝遺僧善柔考略》,《遼金史論集》(第 13 輯),北京:中國社會科學出版社,2013 年。

90. 唐仲明:《響堂山問題再探》,《2004 年龍門石窟國際學術研討會論文集》,鄭州:河南人民出版社,2006 年。

91. 顏娟英:《河北南響堂石窟寺初探》,《考古與歷史文化——慶祝高去尋先生八十大壽論文集》(下),臺北:正中書局,1991 年。

92. 藍吉富：《〈顯密圓通成佛心要集〉與準提信仰》，《佛教研究中心論叢》，北京：中國社會科學院，2001 年。

93. 吳建功：《中國化不可多得的藝術瑰寶──毗盧寺壁畫》，《中國美術》2011 年第 1 期。

94. 陳星橋：《廣參苦行存典範，古柏千年存禪風──趙州和尚生平化跡與趙州禪的歷史影響》，《法音》2002 年第 8 期。

四、外國學者著作

1. 〔日〕水野清一、長廣敏雄：《河北磁縣河南武安響堂山石窟》，京都：東方文化學院京都研究所，1937 年。

2. 〔日〕常盤大定：《續訪古賢之跡》，《支那佛教史蹟踏查記》，東京：國書刊行會，1973 年。

3. 〔日〕鐮田茂雄《中國佛教史》第 2 卷，東京：東京大學出版社，1982 年。

4. 〔日〕圓仁撰，白化文等校注：《入唐求法巡禮行》，石家莊：花山文藝出版社，1992 年。

5. 〔日〕常磐大定、關野貞：《支那佛教史跡》，日本支那佛教史蹟研究會，1925 年。

6. 〔日〕伊東忠太、關野貞、塚本靖：《支那建築》，日本建築學會，1929 年。

7. 〔日〕井上尚實著，李賀敏譯：《北齊禪與淨土──南響堂山第二窟所見一行三昧的二種解釋》，《佛學研究》2019 年第 1 期。

8. 〔瑞典〕斯文赫定：《絲綢之路》，楊鐮主編《西域探險考察大系》，烏魯木齊：新疆人民出版社，1996 年。

9. 〔朝鮮〕李能和、尚玄述：《朝鮮佛教通史》，《大藏經補編》第 31 冊，第 170 號。

10. 〔韓〕鄭禮京：《中國北齊北周佛像研究》，首爾：慧眼出版社，1998 年。

五、學位論文類

1. 馬天瑜：《石家莊毗盧寺壁畫畫風源流之研究》，2006 年河北師範大學碩士論文。

2. 劉元堂：《中皇山北齊佛教刻經書法研究》，2008 年南京藝術學院碩士論文。

3. 邱廣豔：《承德藏傳佛教旅遊資源極其開發研究》，2010 年河北師範大學碩士論文。

4. 李鵬：《響堂山石窟藝術研究》，2012 年南京大學碩士論文。

5. 任曄：《河北隆興寺摩尼殿壁畫研究》，2014 年首都師範大學碩士畢業論文。

6. 李彥麗：《宋代正定大佛寺研究》，2014 年河北師範大學碩士論文。

7. 李俊琴：《遼代燕京地區佛教研究》，2014 年河北師範大學碩士論文。

8. 于亞龍：《響堂山北齊石刻經研究》，2015 年河北師範大學碩士論文。

9. 花芳：《唐代邢臺開元寺〈佛頂尊勝陀羅尼經〉經幢研究》，2016 年河北師範大學碩士論文。

10. 魯嬌：《元代柏林禪寺研究》，2017 年河北師範大學碩士論文。

11. 李博程：《唐代河朔三鎮的佛教研究》，2018 年河北師範大學碩士論文。

12. 趙毅冉：《北齊時期的佛教研究》，2019 年河北師範大學碩士論文。

13. 王賀梅：《慧光法師生平及其思想研究》，2019 年河北師範大學碩士論文。